AF209773

Jens Kegel

Erfolgreich zur Marke Ich

Jens Kegel

Erfolgreich zur Marke Ich

Aus der dritten in die erste Reihe

1. Auflage 2013, Herstellung und Verlag: BoD – Books on Demand, Norderstedt

ISBN 978-3-848259-77-9

© Dr. Jens Kegel, Berlin. Das Werk einschließlich aller seiner Teile ist urheberrechtlich geschützt. Jede Verwertung außerhalb der engen Grenzen des Urheberrechtsgesetzes ist ohne Zustimmung des Autors unzulässig und strafbar. Das gilt insbesondere für Vervielfältigung, Übersetzung, Mikroverfilmung und die Einspeicherung und Verarbeitung in elektronischen Systemen. Alle in diesem Buch enthaltenen Angaben, Ereignisse, Sachverhalte usw. wurden vom Autor nach bestem Wissen erstellt. Sie erfolgen ohne jegliche Verpflichtung oder Garantie. Der Autor übernimmt daher keinerlei Verantwortung und Haftung für vorhandene Unrichtigkeiten. Die Wiedergabe von Gebrauchsnamen, Handelsnamen, Warenbezeichnungen, Firmennamen usw. in diesem Werk berechtigt auch ohne besondere Kennzeichnung nicht zu der Annahme, dass solche Namen im Sinne der Warenzeichen- und Markenschutz-Gesetzgebung als frei zu betrachten wären und daher von jedermann benutzt werden dürfen.

Autor

Dr. Jens Kegel ist Kommunikations-Experte. Er studierte Germa-
nistik, Geschichte, Pädagogik und Psychologie. Nach zwei
Staatsexamen folgten ein Fernstudium „Werbetexten" und ein
Promotionsstudium im Bereich Germanistische Linguistik. Seit
fünfzehn Jahren arbeitet er als Texter, Autor, Ghostwriter und Bera-
ter für verbale Unternehmenskommunikation. Er berät Personen
und Unternehmen in den Bereichen Kommunikation und Vermark-
tung. Jens Kegel übersetzt für Praktiker die neuesten Erkenntnisse aus verschiedenen
Wissenschaftsbereichen und bereitet sie methodisch in Vorträgen und Seminaren
auf.

www.jens-kegel.de

Inhaltsverzeichnis

Vorwort

Wir alle wollen, kaufen und bezahlen sie auch, Marken. Marken überstehen Krisen, fegen Konkurrenten aus den Regalen und verkaufen sich teurer als No-Names. Dies trifft für Schokoriegel, Autos und Dienstleistungen gleichermaßen zu. Gerade wenn es von allem zu viel gibt, orientieren sich Menschen an Marken, denn diese geben Sicherheit. Nun ist aber nicht nur der Produkt-, sondern auch der Arbeitsmarkt ein Markt, auf dem die Gesetze von Angebot und Nachfrage gelten. Da liegt es mehr als nah, wenn sich Menschen ebenso als Marke begreifen und entsprechend handeln, denn Klappern ist längst kein Privileg mehr des Handwerks. Wer nicht stehen bleiben will, muss sich darum bemerkbar machen und Achtungszeichen setzen. Es gibt viele Gründe, ein Unternehmen, ein Produkt, eine Dienstleistung und sich selbst zur Marke zu entwickeln. Es gibt auch viele Wege. Wer sie beschreitet, genießt alle Vorteile, die Marken mit sich bringen: Hoher Bekanntheitsgrad, weite Verbreitung, hervorragende Verkaufszahlen.

Wer nun bei Selbstvermarktung an Selbstdarstellung – mit negativem Einschlag – denkt, wirft Äpfel und Birnen in eine Kiste. Selbstdarsteller geben etwas vor, was sie nicht sind. Sie schmücken sich mit Attributen der Erfolgreichen und agieren mehr als Hohlkörper denn als starke Individuen. Wirkungsvolle Selbstvermarktung ist kein aufgesetztes Schauspiel, sondern Darstellung des Realen. Weil wir jedoch in einer Gesellschaft leben, die übervoll mit allem ist, sehen andere oft gar nicht, dass ich als Person existiere und was ich anzubieten habe. Menschen müssen also auf sich aufmerksam machen, wenn sie etwas erreichen und nicht in der Masse der Vielen untergehen wollen. Aber auch der „normale" Angestellte sollte sich als Marke begreifen und seine Leistungen kommunizieren, denn meist sitzen die anderen bereits in den Startlöchern.

Selbstvermarktung hat nichts mit teurer Fernsehwerbung, überflüssigen Hochglanzbroschüren oder nervenden Funkspots zu tun. Selbstvermarktung ist ein subtiler und auf viele Jahre und Jahrzehnte angelegter Prozess, der häufig kostenfrei zu haben ist – man muss nur wissen, wie's geht. Zugleich macht sie viel Spaß und bringt den Einzelnen in seiner Entwicklung auch um mehr als die entscheidende Nasenlänge voran, wenn man einen alten, aber noch immer hochaktuellen Satz der Public-Relations auf sich selbst bezieht: Tu Gutes und rede drüber. Wenn niemand weiß, welche Vorzüge der neue Schokoriegel hat, wird ihn auch keiner kaufen. Wenn niemand weiß, was ich kann, werde ich keine Stelle bekommen, keinen Kunden, keine Gehaltserhöhung.

Dieses Buch basiert einerseits auf neuen Erkenntnissen aus verschiedenen Wissenschaften, andererseits auf Erfahrungen aus der Praxis. Es zeigt, welche Bedeutung Marken haben und wie Menschen sich selbst zu einer herausbilden können. Alle Mittel, die ich ausgewählt habe, genügen zwei Kriterien. Sie sind preiswert oder kostenfrei. Zugleich kann jeder sie nutzen. Egal, ob Student, Angestellter, Beamter, Freiberufler oder Unternehmer. Wer eine Marke ist, hat's langfristig nicht nur gut, sondern besser.

1.   Wunschbild und Geheimnis Marke

Der Begriff Marke (englisch: brand) entstand in den USA. Besitzer großer Rinderherden wollten ihre Tiere markieren, damit man diese immer von anderen unterscheiden kann. Darum gaben ihnen die Cowboys ein Brandzeichen, brand, die Marke. Als durch die fortschreitende Industrialisierung immer neue Produkte auf den Markt kamen, mussten auch Produzenten ihre Waren markieren, um sie von anderen abzugrenzen. So entstanden Markennamen und Zeichen, die Logos.

Markenmanager beobachten seit Jahren die Hitliste der teuersten Marken der Welt – sie wird von „interbrand" herausgegeben. Derzeit steht Coca Cola ganz oben. Diese Marke ist – Stand Herbst 2012 – mehr als 70 Milliarden Dollar wert, Tendenz steigend. Was aber ist daran so teuer? Marken sind nicht gleichzusetzen mit dem Produkt. Sie bilden ein Konstrukt in unseren Köpfen, das mit Hilfe von Kommunikation entstanden ist. Betrachten wir zuerst ihre Eigenschaften, die sich auch auf den Menschen beziehen lassen. Marken:

- besitzen eine einzigartige Gestaltung, die man sofort wiedererkennt,

- versprechen etwas Besonderes und unterscheiden sich von vergleichbaren Produkten,

- bilden eine starke „Persönlichkeit",

- sind beständig,

- entstehen in den Köpfen der Menschen.

Aus den Eigenschaften der Marken resultieren Funktionen für jene, die Marken kaufen oder verwenden. Sehen wir uns auch hier die wichtigsten an:

Marken geben Sicherheit in einer unüberschaubaren Vielfalt von Produkten: Ein durchschnittlicher Supermarkt in Deutschland hat dreitausend Produkte gelistet. Weil das menschliche Gehirn darauf programmiert ist, ökonomisch zu handeln, verschwendet es keine Energie mit Probieren, Testen, Suchen… es entscheidet sich für das Naheliegende – eine Marke.

Marken sind mit positiven Gefühlen verbunden und lösen diese auch beim Käufer aus: Wirtschaftswissenschaftler glaubten bis vor wenigen Jahren, dass Menschen ausschließlich nach rationalen und ökonomischen Gesichtspunkten handeln und Gefühle keine Rolle spielen. Mittlerweile weiß man, dass Emotionen sehr wichtig sind. Mehr dazu lesen Sie weiter unten.

Marken bieten dem Kunden Vertrauen: Kein Mensch kann wirklich die Unterschiede zwischen Produkten ausmachen. Selbst Spezialisten lassen sich von Äußerlichkeiten und Markenversprechungen narren. Darum ist die Eigenschaft Vertrauen besonders wichtig.

Marken bieten dem Käufer die Möglichkeit, sich mit ihrer Hilfe von anderen Menschen abzugrenzen: Dieser Punkt ist nicht zu vernachlässigen, denn ein Porsche und eine Uhr von Cartier haben nicht in erster Linie praktischen Nutzen, sie dienen vor allem als Status-Symbole.

Aus all diesen Gründen kann ein Unternehmen eine braune Brause teurer verkaufen als ein anderer Hersteller. Produzenten von Markenautos können für ihre Karossen zwanzigtausend Euro mehr verlangen als die Konkurrenz für gleichwertige. Turnschuhe, die in der Produktion fünf Euro kosten, kann der Produzent für einhundert Euro verkaufen. Am Ende verdienen Produzenten von Markenartikeln mehr Geld, viel mehr. Und sogar Wirtschaftskrisen überstehen die teuren Markenprodukte, denn im Zweifel kaufen Kunden lieber Marken, weil diese in unsicheren Zeiten ein wenig Sicherheit versprechen – selbst wenn das „Wissen" über die Marke nur vom Unternehmen gezielt ausgesandt wurde und in unseren Köpfen existiert. Andererseits müssen Marken ihre kommunizierten Verpflichtungen auch eingehen und gleichbleibende Qualität liefern. Sonst sind sie ganz schnell verschwunden oder können sich nur noch zu einem weitaus geringeren Preis verkaufen.

1.1 Die Kraft der Marke

Eine Marke positioniert sich eindeutig. Sie will anders sein und ist es in den meisten Fällen auch. Sie sucht eine bestimmte Nische und setzt sich in dieser fest. Ein anderer hat an dieser Stelle keinen Platz mehr, weil die Marke dieses Territorium jetzt einnimmt. Im Idealfall löst sie positive Emotionen aus und aktiviert diese beim Käufer. Besonders deutlich wird solch ein Vorgang bei Luxus-Produkten, die eigentlich kein Mensch braucht. Das wohlige Gefühl jedoch, anders zu sein als der ganze große Rest überträgt sich vom Produkt auf den Käufer. Ich trage die Marke X, also hebe ich mich aus der Masse heraus. Ich fahre die Marke Y, also bin ich etwas Besonderes. Marken helfen uns demnach, unsere Individualität zu schärfen. Darum besitzen sie bereits bei den Kindern eine solche Kraft, der Eltern nur mit Mühe etwas entgegensetzen können. Fachleute nennen diese Übertragung Imagetransfer. Der Besitzer und Käufer eines Marken-Produkts erwirbt dieses nicht ausschließlich wegen seiner Eigenschaften, sie übertragen sich auch auf ihn selbst. Solche Stärke resultiert aus dem zutiefst menschlichen Wunsch, als Individuum, als Persönlichkeit wahrgenommen zu werden. Und weil das ideelle Konstrukt Marke auch immer mit Emotionen verbunden ist, ist es so schwer, mit rationalen Argumenten gegen sie zu punkten:

„Diese Nicht-Marken-Hose kostet nur die Hälfte und sieht genauso gut aus. Kauf diese." „Diese Nicht-Marken-Cola schmeckt sogar besser und hat weniger Zucker. Nimm diese." „Dieses Nicht-Marken-Auto verbraucht weniger Sprit und ist 20.000 Euro preiswerter. Fahr dieses." Solche Argumente helfen in der Regel wenig, denn wir alle erliegen der Versuchung, uns mit Marken zu umgeben. Wer das nicht glaubt, sollte sich mal die Produkte in seinem Haushalt ansehen oder Menschen aller Altersstufe beobachten, wie sie mit Markenprodukten umgehen.

Nun hat sich in den letzten Jahren bei vielen Menschen eine gewisse Hass-Liebe zu Marken entwickelt. Wer die positiven Seiten betrachtet, kann viel leichter und unbeschwerter mit ihnen umgehen und sich selbst ohne schlechtes Gewissen zu einer entwickeln. Dass es lohnt, zeigen nicht nur Produkte, sondern auch Menschen, denen wir – meist heimlich – bewundernd hinterherblicken…

1.2 Produkt-Marken

Wenn Menschen an Marken denken, dann zuerst an Produkte, weniger an Dienstleistungen und meist gar nicht an Menschen. Dass fast alles und jeder zu einer Marke werden kann (und oft auch sollte), haben wir bereits gesehen. Um die wichtigsten Eigenschaften für den Aufbau der Marke Ich zu nutzen, sehen wir uns herausragende Produkt-Marken an, von denen sich eine ganze Menge lernen lässt.

a)   Mercedes

Als Carl Benz 1885 mit einem motorisierten Pferdewagen erstmals durch Mannheim fuhr, erntete er Hohn und Spott. Drei Jahre später fuhr seine Frau Bertha bereits nach Pforzheim und damit mehr als einhundert Kilometer – wohlgemerkt im 19. Jahrhundert. Heute sind Automobile mit dem Stern Markenprodukte schlechthin. An ihnen kann man den Aufbau und die Wirkungen von Marken studieren. Im Bewusstsein aller Menschen (auch Nicht-Käufer) sind sie mit höchster Qualität und höchstem Anspruch verbunden. Wenn diese Ansprüche nicht erfüllt werden, hat die Marke jedoch ein Problem, so geschehen beim Elchtest der A-Klasse 1997. Das Unternehmen hatte anschließend viel kommunikative Arbeit zu leisten, um glaubhaft an die über Jahrzehnte aufgebauten Standards anzuknüpfen. Marken dürfen also nicht nur versprechen, sie müssen das Versprochene vor allem halten.

b)   NIVEA

Vor einhundert Jahren brachte Beiersdorf eine Creme auf den Markt, die beispielhaft für ein Phänomen steht, das Marketing-Spezialisten mit dem Begriff Dachmarke bezeichnen. Die Creme selbst bleibt bestehen und entwickelt sich zugleich zu einer Marke, die eine Reihe anderer Produkte unter ihrem Dach vereint. Viele Kosmetika profitieren vom guten Image der Creme. Heute gibt es unter der Dachmarke NIVEA

ganze Produktlinien, was das Unternehmen dazu veranlasste, sogar „NIVEA-Häuser"
zu konzipieren. Es lohnt, beim nächsten Besuch im Drogeriemarkt mal genauer hin-
zusehen, welche Pflegeprodukte unter dem Dach dieser Marke angeboten werden
und warum man sie auf den ersten Blick erkennt. Deutlich wird an diesem Beispiel
neben dem gelungenen Aufbau einer Dachmarke zweierlei. Zum Ersten ist es notwendig und wirksam, ein einheitliches Design, das Corporate Design, zu entwickeln.
Zum Zweiten muss das produzierende Unternehmen dieses aber auch konsequent
beibehalten. Dann erzielt der Produzent der Marke eine erhoffte Wirkung, die jedermann beim nächsten Besuch im Drogeriemarkt beobachten kann.

   c)   Haribo

Der Name ist keinem Texter eingefallen, keinem kreativen Geist entsprungen, sondern lediglich eine Zusammenfassung: Hans Riegel, Bonn. Für den heute überall bekannten Werbeslogan des Unternehmens („Haribo macht…") soll der Texter zwanzig
Reichsmark bekommen haben. Dessen ungeachtet hat sich der Süßwarenhersteller
zu einer Marke entwickelt, die nicht nur konsistent arbeitet, sondern auch neue Wege
des Marketings beschritten hat. So nutzt sie die Popularität Thomas Gottschalks und
verbindet das Image der Person mit dem Image des Produkts. Das Familienunter-
nehmen aus Bonn zeigt, dass sich Produktneuerungen (aktuell der so genannte
„Saftbär") eng am Image des zentralen Produkts zu orientieren haben. Andererseits
beweisen diese aber auch, dass es möglich ist, eine neue Marke zu schaffen, ohne
dass die Masse der Verbraucher die Herkunft kennt. Oder wissen Sie, dass MAOAM
auch von Haribo stammt?

Haribo ist der lebende bzw. knisternde Beweis dafür, dass Marken eine gewisse Zeit
benötigen, um in den Köpfen der Menschen als solche gesehen zu werden. Sie müssen einer einmal festgelegten Linie treu bleiben und dürfen diese nicht verlassen.
Dann werden sie auch langfristig erfolgreich sein und können sich gegen preiswerte-
re No-Name-Produkte durchsetzen.

1.3 Eigenschaften führender Marken

Wie anhand der wenigen Beispiele gesehen, haben Marken ganz besondere Merkmale, die sie von vergleichbaren Produkten unterscheiden. Hier die wichtigsten aus Sicht der Marke. Sie:

- verkörpern und schaffen Werte,
- treiben Innovationen voran und stimulieren den Export,
- sind oft das wertvollste Gut eines Produzenten,
- müssen gepflegt und geschützt werden.

Und hier die entscheidenden Merkmale aus Sicht des Kunden bzw. Nutzers. Marken:

- bieten Sicherheit, Stabilität und Orientierung,
- übertragen Eigenschaften auf den Nutzer,
- helfen, Zeit zu sparen und sind die Basis für Vertrauen.

All diese Eigenschaften verdeutlichen, dass Marken nicht den Köpfen von Marketingfachleuten entstammen und nicht nur in den Köpfen der Konsumenten bzw. Nutzer entstehen; sie ziehen viele positive Reaktionen nach sich. Man denke zum Beispiel an das berühmte Zeichen „Made in Germany". In den neunziger Jahren des neunzehnten Jahrhunderts galten Produkte aus England als besonders gut. Es handelte sich dabei zum Beispiel um Stahlwaren aus Sheffield. Allerdings schickten sich andere (auch deutsche) Unternehmen an, diese nachzuahmen und billigere und schlechtere auf den englischen Markt zu werfen. Um sich vor diesen schlechteren deutschen Produkten zu schützen, wurden sie mit dem entsprechenden Stempel versehen: „Made in Germany". Am Ende des Jahrhunderts kehrte sich allerdings der Spieß um, denn deutsche Industrielle hatten dazugelernt. Der ursprüngliche Warnaufdruck wurde allmählich zu einem Qualitätssiegel.

Heute hat sich diese Situation noch einmal verstärkt, denn die Marke an sich ist zu einem Zeichen geworden, mit dem Menschen sich gern umgeben. Auf vielen Produkten sind Markenname und Logo übergroß zu sehen. Diese sichtbaren Zeichen werden nicht versteckt; andere Menschen sollen ja sehen, dass der Träger in der Lage ist, sich mit Markenprodukten zu umgeben. Man trägt keine Turnschuhe, sondern Nike. Man fährt kein Auto, sondern Porsche. Man fährt nicht Ski, sondern K2. Für den Marketingprofi Olins Wally sind Marken demnach „optimale nonverbale Kommunikationsmittel, die für Gleichgesinnte überall auf der Welt deutliche Worte sprechen." Mit anderen Worten: Wer Marken zeigt, hebt sich bewusst ab, überträgt die Eigenschaften der Marke auf sich selbst und kommuniziert dies, ohne etwas zu sagen.

1.4 Marken bilden und führen

„Im nächsten Jahr machen wir aus unserem Produkt eine Marke!" Wenn ein Geschäftsführer diesen Satz äußert, liegt er ganz falsch. Nicht das Produkt selbst ist die Marke, sondern das Bild, die Vorstellung, welche der Kunde von diesem Produkt in seinem Kopf aufbaut, speichert und erweitert. Es geht also nicht darum, das Produkt zur Marke zu machen, sondern ein Bild von der Marke zu schaffen. Um dies zu erreichen, müssen folgende Voraussetzungen gegeben sein:

a) Qualität: Wer sich herausheben will aus der Masse, muss zuerst einmal besser sein als alle anderen. Konsumenten wollen am Ende nicht mehr Geld für weniger Qualität bezahlen, sondern von einer Produktkategorie das Bestmögliche kaufen.

b) Nische und Positionierung: Marken suchen sich eine Nische, bauen diese zu einer festen Position aus und verteidigen sie nach außen. Weil nur sie allein auf diesem Platz stehen, haben andere wenige Chancen, diese Nische zu besetzen. Dass es heute keine Nischen mehr gibt, widerlegen bekannte Unternehmen wie Apple.

c) Differenzierung: Unterschiede – auch wenn sie noch so klein sind – machen ein gewöhnliches Produkt in den Augen der Nutzer zur Marke. Diese Unterschiede können im Produkt selbst liegen oder auch nur kommuniziert sein. Wichtig ist, dass Kunden diesen Unterschied wahrnehmen.

d) Inszenierung: Marken inszenieren sich wie bei einer guten Theatervorstellung, um in die Köpfe, vor allem aber Herzen der Menschen zu gelangen. Sie wechseln dabei nicht ständig ihr Kleid, sondern bleiben auf lange Sicht beständig. Dies betrifft alle Merkmale der Inszenierung: Äußerlichkeiten, Auftreten, Handlungen…

e) Kommunikation: Im Idealfall ist eine Marke nicht nur anders als der ganze Rest, sie kommuniziert auch anders als die anderen. Dabei sollte sie jedoch beachten, nicht vorschnell einzelne Elemente zu wechseln; sie muss einem eingeschlagenen Weg möglichst lange treu bleiben, damit die wichtigsten Marken-Elemente auch in die Köpfe der Kunden gelangen können. Eines der bekanntesten Beispiele dafür ist die Telekom. Sie behält sowohl ihr einfaches akustisches Logo mit den fünf Tönen als auch das grafische Logo bei – mit dem Erfolg, dass alle Menschen sofort das Unternehmen erkennen.

f) Zum Träumen anregen: Wer seinen materiellen Besitz durchforstet, wird merken, wie wenig wir wirklich zum Leben benötigen. Markenkommunikation weckt nicht nur Bedürfnisse, die vorher nicht existierten; sie verstärkt auch latent bestehende Träume, verstärkt diese, hebt sie ständig ins Bewusstsein und wirkt als Katalysator, um aus einem Traum einen Wunsch zu formen, der befriedigt werden muss.

g) Eine starke Persönlichkeit bilden: Marken sind nicht einfach nur Verbindungen aus verschiedenen Zeichen wie Name, Logo, Verpackung. Marken bilden eine Persönlichkeit, die viele Merkmale aus unterschiedlichen Bereichen besitzt. Im Idealfall übertragen Nutzer Eigenschaften auf die Marke, zum Beispiel sicher, freundlich, zuverlässig, hilfsbereit. Diese Eigenschaften müssen nicht unbedingt kommuniziert werden, sie gehören oft zum Assoziations-Feld der kommunizierten Eigenschaften.

2. Neues aus Neurologie und Psychologie

2.1 Marken und Gehirn

Im Jahr 1985 verstanden die Manager von Coca Cola die Welt nicht mehr. Mehrere Versuche, bei denen die Testpersonen nicht sahen, welche Cola sie tranken, führten allesamt zu einem traurigen Ergebnis. Den meisten Probanden schmeckte der ewige Konkurrent Pepsi besser. Für Coca Cola gab es daraufhin nur eine Lösung: ein neuer Geschmack musste her. Die Brause mit der erneuerten Geschmacksrichtung wurde zwanzigtausend Tests unterzogen und überzeugte. Als man sie unter dem naheliegenden Namen „New Coke" auf den Markt brachte, wurde sie allerdings ein Mega-Flop; kein Mensch wollte sie kaufen. Schnell ging das Unternehmen daraufhin wieder zum alten Geschmack über, den die Kunden kannten. Viele Jahre später lüfteten Neurologen das Geheimnis um diese kuriose Geschichte. Das Wissen um Marken beeinflusst das Geschmackserlebnis. Wer also weiß, dass er eine Coke trinkt, schmeckt sie auch anders. Sehen wir uns an, was Gehirnforscher noch herausgefunden haben, welche Reaktionen Marken im Gehirn auslösen und wie sich diese neuen Erkenntnisse für zukünftige Menschen-Marken nutzen lassen.

a) Erwartungen bestimmen Denken und Fühlen

Es macht einen Unterschied, ob auf einer Speisekarte „Mousse au chocolat" oder „Schokoladenpudding" steht. Gäste werden eher die nach französischer Küche klingende Speise bestellen als jene, die nach deutscher Hausfrau klingt. Es ist auch nicht egal, ob ein Wein 49 Euro oder nur 4.90 Euro kostet. Weintrinkern schmeckt nämlich ein teurer Wein besser, wenn sie wissen, dass er teuer ist – obwohl er eigentlich nur einige Euro kostet. Ebenso wichtig sind Etiketten, Farben, Formen, das ganze Drumherum. Biertrinkern in den USA setzte man ein Bier vor, das leicht mit Balsamessig versetzt war. Einem Teil sagte man dies vorher, einem anderen nicht. Jene, die es nicht wussten, bemerkten den Unterschied nicht, die anderen schon. Die Äußerlich-keiten wirken sich also unmittelbar auf Vorgänge im Gehirn aus. Verschiedene Versu-che zeigten, dass ein hoher Preis als Zeichen für hohe Qualität gewertet wird, obwohl zu preiswerteren Produkten keine Qualitätsunterschiede bestehen. Dieser Automa-tismus schützt das Gehirn davor, zu viel Arbeit ins Abwägen, Vergleichen, Kontrollie-ren zu investieren.

All diese Beispiele belegen, dass unser Gehirn sich auf die äußeren Bedingungen einstellt und das subjektive Erleben davon beeinflusst wird. Für Produkte lässt sich daraus der Schluss ziehen, dass sie positive Erwartungen hervorrufen sollten und diese natürlich auch bestätigen müssen. Zugleich geht es beim Marketing – wie heu-te noch zu häufig gesehen – nicht immer darum, vordergründig den Produktnutzen darzustellen. Der Konsument und seine Erwartungen stehen im Vordergrund. Für die Marke Mensch bedeutet dies, dass sie sich im Vorfeld genau klarmacht, welche Er-wartungen andere besitzen, die es mittelfristig zu erfüllen gilt.

Nehmen wir als Beispiel eine Bewerbung. In der Regel stellt der Kandidat all das her-aus, was er kann. Einem Lebenslauf folgen Zeugnisse und berufliche Stationen. Das Unternehmen muss aus dieser Sammlung nun herausfinden, welche der Eigenschaf-ten es gebrauchen kann. Umgedreht wird ein Schuh draus, indem der Kandidat sich im ersten Schritt erkundigt, was das Unternehmen benötigt. Diese Fakten bestimmen dann die Bewerbung. Auch in Gesprächen und beim Smalltalk lässt sich diese Er-kenntnis anwenden. Hier geht es ebenfalls darum, die Interessen und Bedürfnisse des anderen zu erkunden. Wenn man diese durch zurückhaltendes Fragen herausge-funden hat, kann man das Gespräch dann so lenken, dass der andere merkt: Mit die-sem Menschen werde ich meine Ziele erreichen.

b) Gefühle oder Gedanken

In den Wirtschaftswissenschaften geistert auch heute noch ein Mensch mit dem schönen Namen homo oeconomicus umher. Er personifiziert die Vorstellung, dass Menschen – auch beim Kaufen – vor allem rational entscheiden. Neurologen und So-zialpsychologen haben in ihren Untersuchungen jedoch gezeigt, dass Menschen in vielen Situationen gar nicht so rational entscheiden und handeln, wie Ökonomen glauben, sondern oft emotional. Grundlage dafür ist die Tatsache, dass Objekte, welche Menschen wahrnehmen, immer mit einer unmittelbaren emotionalen Reaktion verbunden sind. Häufig lässt sich diese auf Nachfrage nicht oder nur schwer in Worte fassen, sie ist aber vorhanden. Das Entstehen von Gefühlen und rationales Überlegen laufen parallel ab, wobei Emotionen schneller sind und oft die rationalen Überlegungen bestimmen. Je stärker die Emotion, umso schneller entscheidet sich das Gehirn. Wenn Menschen sich für eine Marke entscheiden, fragen sie sich zuerst, welches Gefühl diese Marke auslöst. Erst anschließend werden rationale Aspekte ins Kalkül gezogen. Allerdings können diese Argumente in vielen Fällen nichts mehr gegen emotional bereits vorbereitete Entscheidungen tun. Die Emotionen haben also eine Entscheidung getroffen, welche die rationalen Gedanken anschließend nur noch zu begründen versuchen.

Das Beispiel einer Baumarktkette zeigt eindrucksvoll, wie sich diese Erkenntnisse nutzen lassen. Die gesamte Marketing-Kampagne des Unternehmens greift die emotionale Verbundenheit des Heimwerkers mit seiner Arbeit auf. Nicht die Produkte, sondern immer der Heimwerker mit seinem „Projekt" steht im Mittelpunkt. Im Sommer 2012 zeigt ein Plakat einen Mann mit freiem Oberkörper vor einer Wand. Die Risse, welche in der Wand zu sehen sind, gehen weiter durch den Körper des Heimwerkers. Der Slogan dazu lautet: „Keiner spürt es so wie du." Auf der Internetseite wird diese emotionale und ausschließlich am Kunden orientierte Form des Marketings weitergeführt. Hier findet sich folgender Text: „Du spürst den Hammer in der Hand. Du schmeckst das Metall der Nägel zwischen Deinen Lippen. Du hörst, wie sich die Säge durchs Holz frisst. Du siehst Dein fertiges Projekt. Heimwerker sein ist keine Frage des Werkzeugs, sondern eine Frage des Gefühls. Keiner spürt es so wie Du." Die Konkurrenz ist weiterhin dem Produkt verhaftet und wirft ein Sonderangebot nach dem anderen auf den Markt…

Klar ist also, dass die richtige Marke viel mit (im Idealfall) positiven Gefühlen zu tun hat. Darum ist es auch nicht verwunderlich, wenn Marketing-Fachleute schon lange davon sprechen, dass Menschen ihre Marke(n) lieben. Weil diese Emotion das Beste ist, was uns widerfahren kann, ist sie auch das eigentliche Ziel. Menschen sollen ihre Marken lieben, denn Liebe verzeiht kleine Schwächen und deutet sie sogar ins Positive um. Wer liebt, möchte eine möglichst dauerhafte Bindung, er wird blind für Rationales und begibt sich fast ausschließlich auf die Ebene der Gefühle.

Die Schlussfolgerung aus der Tatsache, dass Emotionen großen Einfluss auf Entscheidungen haben, widerspricht auf den ersten Blick dem rationalen Menschenbild, dem wir alle anhaften – sie ist aber wirksam: In erster Linie geht es darum, Sympathiepunkte zu sammeln, positive Emotionen bei anderen zu erzeugen und gleichzeitig mögliche negative abzubauen. Andreas Hermann und Julia Stefanides schlussfolgern als ein Ergebnis ihrer neurologischen Forschungen: „Interessanterweise übernehmen Gefühle eine derartig wichtige informative Funktion im Urteilsprozess, dass sie selbst dann herangezogen werden, wenn sie eigentlich in keinem inhaltlichen Zusammenhang zum Urteilsobjekt stehen." Daraus lässt sich schließen, dass Menschenmarken auch in Bereichen punkten, in denen sie eigentlich nicht die fachlich besten sind – allein aufgrund der positiven Emotionen, welche sie erzeugen.

    c)   Das Gesicht in der Menge

Menschen benötigen gerade einmal einhundert Millisekunden, dann wissen sie Bescheid. In einer Zehntelsekunde haben sie ein Gesicht und ebenso schnell die Emotionen erkannt, welche dieses Gesicht gerade ausdrückt. Evolutionsbiologisch hat sich diese Fähigkeit herausgebildet, um möglichst schnell Freund und Feind voneinander zu unterscheiden und zu erkennen, in welcher Gemütslage der andere sich gerade befindet. Auch wenn Menschen viele visuelle Informationen in einem Moment zu verarbeiten haben, konzentrieren sie sich zuerst auf Gesichter. Besonders jene, die irgendeine Emotion ausdrücken, werden schnell beachtet und zweigen das knappe Gut Aufmerksamkeit von anderen Sachverhalten ab. Die Folge aus diesen Erkenntnissen liegt auf der Hand. Menschen-Marken müssen es schaffen, dass ihr Gesicht den anderen bekannt ist.

    d)   Belohnen und Beeinflussen

Warum kaufen sich Menschen Dinge, die sie auch preiswerter bekommen könnten? Das kann mehrere Gründe haben. Sie möchten, dass ein Teil des Images, des Glanzes, der Markenpersönlichkeit auf sie übergeht. Wer eine bestimmte Computer-Marke mit einer angebissenen Frucht verwendet, grenzt sich von anderen ab. Wer Kleidung einer bestimmten Marke trägt, hebt sich hervor. Dass dies gut funktioniert, lässt sich bereits auf dem Schulhof beobachten. Neben solchen Selbstdarstellungs-Marken gibt es jene, die eine bestimmte Stimmung, ein Gefühl verkaufen möchten. Bounty und Raffaello beschwören zum Beispiel Urlaubsgefühle und den Traum von der Südsee. Weil unser Gehirn auf Belohnung zielt, sucht es diese ständig zu erreichen. Dies ist auch die Ursache für viele Käufe – wir wollen uns einfach nur belohnen.

e)   Innere und äußere Bilder

Bilder sind gegenüber anderen Zeichen auf dem Vormarsch – dies zeigen viele Versuche. Mittlerweile hat sich das menschliche Gehirn auch darauf eingestellt, denn fast die Hälfte aller Prozesse, die hier ablaufen, dient der Verarbeitung und Speicherung von Bildern. Das liegt vor allem daran, dass Bilder eine sehr ökonomische Möglichkeit bieten, Informationen aufzunehmen, zu werten, einzuordnen und zu speichern. Wenn man Menschen zum Beispiel eine Information nur mündlich übermittelt, dann erinnern sie sich nach einigen Tagen nur an einen Bruchteil davon. Kommt ein Bild hinzu, erinnern sie sich an weitaus mehr Informationsbestandteile. Weil ein Bild andere Informationen überlagern kann, nennen Psychologen dies auch Bildüberlagerungseffekt. Jetzt wird zum Beispiel klar, warum wir uns viel besser an Gesichter als an Namen erinnern können. Die Gründe, warum Bilder unsere Aufmerksamkeit stark beeinflussen, sind logisch. Sie schenken uns ein ganzes Bündel von Informationen in einem kurzen Moment: Form, Größe, Anordnung, Farbe. Demnach sind sie in der Lage, uns die wichtigsten Informationen in kürzester Zeit zu übermitteln. Was sehen Sie bei Nivea, Milka, Coca Cola? Was sehen Sie bei den Namen Thomas Gottschalk, Helge Schneider, Michael Jackson?

Die Vorherrschaft der Bilder bleibt nicht auf jene beschränkt, die Menschen mit ihren Augen wahrnehmen. Wir alle konstruieren im Laufe unseres Lebens eine innere Bildwelt, die sich aus vielen Informationen speist – dazu zählen auch Worte und sprachliche Bilder. Im Idealfall existiert über eine Marke eine individuelle Bildwelt, die genau jene Bilder enthält, welche die Marke erzeugen wollte und die mit den wirklichen Marken-Bildern übereinstimmt. Das wirkliche Bild des Mercedes (inklusive Bild des Markenzeichens) dürfte bei vielen mit Bildern verbunden sein, die Status, Sicherheit und Exklusivität ausdrücken. Das wirkliche Bild von Michael Jackson ist gekoppelt an Bilder, die Reichtum, Exzentrik und Drogen beinhaltet. Wer also sich selbst zu einer Marke entwickeln will, sollte sich der Kraft und Langlebigkeit der Bilder versichern und eine Bildwelt aufbauen, die andere Menschen ausschließlich mit der Person verbinden.

2.2 Psychologie der Markenbildung

In den letzten Jahrzehnten hat sich eine Teilwissenschaft in der Psychologie stürmisch entwickelt, die interessante Ergebnisse für erfolgreiche Selbstvermarktung bietet. Die Sozialpsychologie untersucht, wie Menschen sich unter bestimmten Verhältnissen verhalten, wie und warum sie handeln, welchen Einfluss andere ausüben. Zwei Teilgebiete sind für uns besonders interessant – Organisationspsychologie und Werbepsychologie. Im ersten Gebiet geht es darum, wie und warum Menschen in Organisationen handeln, wie sie zu motivieren sind, was bei der Führung, Personalauswahl und ökonomischen Entscheidungen zu beachten ist. Werbepsychologen hingegen untersuchen, wie und warum Werbung und andere Marketing-Maßnahmen wirken. Hier nun wichtige Resultate beider Forschungsrichtungen, die für Markenpersönlichkeiten interessant sein dürften.

a) Soziale Rollen

Weil Menschen soziale Wesen sind, bewegen sie sich meist in mehreren Rollen gleichzeitig. Ein Vater ist zugleich Abteilungsleiter, Ehemann, Kassenwart seines Vereins, Sohn und Schwiegersohn. Eine Frau ist Mutter, Tochter, Schwiegertochter, Vorstandsmitglied und regelmäßige Besucherin eines Fitness-Clubs. In all diesen Rollen erwarten die anderen Menschen, dass diese entsprechend gefüllt wird und der Einzelne der Rolle gemäß handelt. Ein Vater soll einfühlsam und zugleich ein Vorbild sein. Als Sohn sollte er möglichst auf das hören, was die Eltern ihm sagen. Eine Frau sollte als Ehefrau emotional sein, als Vorstandsmitglied aber nüchtern und objektiv. Wir alle passen uns unbewusst diesen Rollen an und versuchen, ihnen zu entsprechen – was natürlich nicht immer gelingt.

Wer als Mensch eine Marke werden will, sollte sich der verschiedenen Rollen bewusst sein, die Menschen spielen. Es geht nun nicht darum, genau diesen zu entsprechen, sondern sich immer ein klein wenig anders zu verhalten als die Rolle vorschreibt. Dies darf natürlich nicht so weit führen, dass man völlig aus der Rolle fällt und ihr demnach nicht mehr entspricht. Es geht um die kleinen Abweichungen, die den anderen Menschen immer wieder vor Augen führen: Die oder der ist irgendwie anders. Die Rolle Chef beinhaltet zum Beispiel die Erwartungen, durchsetzungsstark, entscheidungsfreudig, gerecht und fachlich kompetent zu sein. Wenn sich die Chefin zum Beispiel vor einer wichtigen Entscheidung Rat von verschiedenen Mitarbeitern einholt – was zwar logisch und natürlich, bestimmt aber unüblich ist – weicht sie von ihrem Rollenbild ab. Wenn der Praktikant – ungefragt – eine Idee vorbringt, wie man einen Arbeitsablauf optimieren kann, geht er über die an ihn gestellten Erwartungen hinaus. Kleine Verstöße gegen festgefügte Rollenbilder lassen sich leicht initiieren, wenn man sich im ersten Schritt die Elemente bewusst macht, die eine soziale Rolle bestimmen und im zweiten davon abweicht.

b)   Knapp gleich wertvoll

Man kennt das ja von Produkten: nur noch heute, nur noch kurze Zeit… Selbst wenn uns bewusst ist, dass dieses oder ein ähnliches Angebot in der nächsten Woche wieder vorhanden ist, entsteht Druck, das einmalige Angebot anzunehmen. Das Prinzip, knappe Güter als wertvoll einzuschätzen, ist Bestandteil unseres evolutionären Erbes. Gras, welches viele Monate vorhanden ist, wird als weniger wertvoll eingeschätzt als süße Früchte, die es nur zu bestimmten Zeiten an einem bestimmten Ort in geringer Menge gibt.

Der Psychologe Robert B. Cialdini verweist auf einen interessanten Versuch. Verkäufer sagten Kunden, dass ein Produkt in nächster Zeit knapp werden würde – die Kunden kauften doppelt so viel. Andere Kunden erhielten noch eine zusätzliche Information. Ihnen sagte man, dass die Information über die bevorstehende Knappheit noch nicht bekannt, also exklusiv ist. Diese Kunden kauften das Sechsfache. Cialdini dazu: „Der Gedanke, etwas verlieren zu können, hat eine stärker motivierende Wirkung als der Gedanke, etwas Gleichwertiges gewinnen zu können." Knappe Güter werden in den Augen der Konsumenten also wertvoller. Dies betrifft die Menge, die Dauer des Angebots und gilt für Produkte, Dienstleistungen und Menschen gleichermaßen. Wer immer und überall erreichbar ist, wird uninteressant. Um wen man sich allerdings bemühen muss, wer erst Tage später auf eine Nachricht antwortet, zu wem man erst nach Tagen vorgelassen wird, ist wichtig. Das Prinzip Knappheit können Marken in vielen Bereichen nutzen: zeitlich, räumlich, regional, saisonal. Nur an einem dürfen Marken auf keinen Fall knapsen, ihrer Qualität.

c)   Autoritäten

Die meisten Menschen wollen anderen folgen und das tun, was eine Autorität sagt. Die wichtigste Ursache ist wieder in der Evolution zu suchen. Wer Autoritäten folgt, spart kurz- und langfristig Energie. Er muss nicht nachdenken, sich nicht entscheiden, sich damit nicht gegen einzelne Individuen aussprechen. Im Alltag lässt sich jeden Tag beobachten, wie Menschen Autoritäten folgen. Nur wenige widersetzen sich diesem Trend, weil sie kritischer sind, rebellisch oder einfach die Nase voll haben, den anderen hinterherzulaufen. Wirkliche Autoritäten erarbeiten sich diesen Status, denn es genügt nicht, sich einfach mit den Symbolen der Autorität zu schmücken. Wenn sie in einem bestimmten Bereich, in der berühmten Nische zu einer (anerkannten) Autorität geworden sind, stehen sie an der Spitze – und die anderen folgen.

d)   Soziale Bewährtheit

Wer schon einmal bei einer Abstimmung als Einziger dagegen gestimmt hat, weiß um das mulmige Gefühl dabei. Wer sich in einer fremden Stadt nicht auskennt, folgt den anderen Menschen. Wer sich unsicher ist, wie zu entscheiden ist, wird andere Menschen fragen – je mehr, umso besser. All dies hat mit einem Phänomen zu tun, das man abwertend als Herdentrieb bezeichnen kann, positiv als soziale Bewährtheit. Was viele Menschen tun, ist oftmals richtig, weil viele Individuen meist nicht sehenden Auges falsch handeln. Dieses Prinzip resultiert aus der Tatsache, dass Menschen einfach zu vielen Informationen ausgesetzt sind und zu viele Entscheidungen treffen müssen, als dass sie sich immer nur auf sich selbst verlassen müssten. Heute verschärft sich diese Situation, weil die Fülle an Informationen zunimmt und jeder täglich viele unterschiedliche Entscheidungen zu treffen hat. Da ist es natürlich sehr beruhigend, wenn man sich um einige Dinge einfach nicht mehr kümmern muss.

Das Prinzip der sozialen Bewährtheit lässt sich für die eigene Vermarktung auf vielen Ebenen verwenden. Man kann zum Beispiel die Meinungsäußerungen / Referenzen / positiven Aussagen anderer Menschen publizieren (auf der eigenen website, in Referenzlisten) und andere Menschen dazu bewegen, von den positiven Erfahrungen mit meinen Leistungen zu berichten. Viel zu selten fragen Menschen nach Referenzen oder bitten andere darum, an bestimmten Stellen von der eigenen positiven Leistung zu berichten.

e)   Je mehr, desto glaubwürdiger

In der Geschichte gibt es unzählige Beispiele für eine Tatsache, die zwar unlogisch, dennoch real ist. Je mehr Menschen von einem Sachverhalt hören, sehen, wissen, umso glaubwürdiger wird dieser Sachverhalt. Große Religionen nutzen seit Jahrtausenden diesen Fakt, indem sie ihren Schäflein von frühester Kindheit an die religiösen Inhalte immer wieder erzählen und ständig neue Facetten hinzudichten. Dies trifft für Marken ebenso zu. Wer von Kindesbeinen an immer wieder hört und sieht, dass eine bestimmte Nougat-Creme gesund ist und auch von Sportlern gegessen wird, hält dies nicht nur für wahr, sondern lässt auch Hinweise auf einen hohen Zuckergehalt außer Acht.

Wer nun bei einer Besprechung kaum etwas sagt, wird von den anderen schlicht nicht wahrgenommen. Wer nur im stillen Kämmerlein seine Arbeit verrichtet, verschwindet von der Bildfläche. Es geht also darum, sich bei den anvisierten Personen immer wieder ins Gedächtnis zu bringen.

f)   Konsistent handeln

Menschen, bei denen Sagen und Handeln auseinanderdriften, verlieren sehr schnell an Vertrauen. Andere hingegen, die umsetzen, was sie ankündigen, gewinnen schnell und nachhaltig Achtung bei ihren Mitmenschen. Viele reden von der Selbstständigkeit – aber nur wenige stürzen sich in das Abenteuer. Viele reden vom Auswandern – aber nur die wenigsten packen die Koffer. Viele reden davon, dem Chef aber mal richtig die Meinung zu sagen… Konsequentes bzw. konsistentes Handeln bringt mehrere Vorteile mit sich: Es ist eine Form des automatisierten Reagierens und wirkt darum erleichternd. Konsistent handelnde Menschen werden als besondere betrachtet, eben weil dieses Handeln nicht alltäglich ist. Genau diese Aspekte zahlen wieder auf ihr Markenkonto ein.

g)   Selbstinszenierung

Wenn alle Menschen nackt durch die Stadt gehen würden, wären viele von ihnen eines wichtigen Instruments ihrer Außendarstellung und Wahrnehmung beraubt – der Kleidung. Sie besitzt heute zwar auch noch die Funktion, den Körper zu wärmen und zu schützen. Diese Aufgabe ist gegenüber einer anderen jedoch bereits in den Hintergrund gerückt. Wärmen und schützen kann ein Pullover von Aldi genauso wie einer von Versace. Jener von Versace aber besitzt noch viele weitere Aufgaben, die den weitaus höheren Preis rechtfertigen. Dem Träger selbst (natürlich auch der Trägerin) dient er als Mittel, um sich gegenüber den anderen Menschen zu positionieren. Der Pullover ist Ausdruck eines bestimmten Wertesystems und einer gesellschaftlichen Schicht. Auch wenn es albern klingen mag – der Pullover wirkt auf das Selbstbewusstsein des Trägers und bestätigt es. In vielen Fällen ist es auch so, dass Marken – nicht nur Kleidung – die Kluft zwischen Wunsch und Wirklichkeit überbrücken helfen. Man will anders sein, also verwendet man eine Marke, die dieses Anderssein symbolisiert. Dies lässt sich eindrucksvoll in Berlin und anderen Großstädten bei jungen Türken beobachten. Ganz offenbar benutzen sie Autos der Oberklasse dazu, um zu zeigen: Wir gehören dazu, wir sind Teil dieser Gesellschaft, auch wir haben einen gewissen Status erreicht.

h)   Anker setzen

Wenn Menschen eine Zahl hören, einen Wert, dann hangelt sich ihr Denken an diesem Wert entlang und wird davon nicht wenig beeinflusst. Der gedankliche Anker bewirkt, dass Käufer einen höheren Preis bezahlen, Verhandlungspartner einknicken und Börsenmakler sich völlig verspekulieren. Wer in einem Gespräch zuerst eine Zahl aufruft, kann sicher sein, dass sich die Diskussion an dieser Zahl orientiert. Da ist es egal, ob es sich um die Höhe des Gehalts, den Preis für ein Grundstück oder die Durchschnittstemperatur in Deutschland handelt.

Wer zum Beispiel in Gehaltsverhandlungen oder bei Angeboten zuerst eine Zahl aufruft, hat einen Wert genannt, an dem sich die anderen orientieren. Aber auch sonst im Alltag lassen sich überall Anker werfen – bei der Zeitvorgabe bis zur Fertigstellung eines Projekts, bei der Verhandlung übers Taschengeld, bei den Kosten für die Weihnachtsfeier, der Anzahl der Menschen bei einer Besprechung… Wer zuerst einen Wert nennt, nutzt ganz nebenbei ein zweites Phänomen, das sich Autoritäten gern zunutze machen. Menschen, die sich zuerst äußern, werden von anderen automatisch als höherstehend bewertet, denn die anderen haben jetzt nicht mehr die Möglichkeit zu agieren, sie müssen re-agieren.

i)   Anders als andere

Die vom Iren Tony Ryan gegründete Fluggesellschaft Ryanair macht so ziemlich alles anders als die anderen. Sie verzichtet auf jeglichen Service, bedient die kleinen Strecken, setzt auf einen einzigen Flugzeugtyp, fliegt kleine Flughäfen an und verkauft die Rückseiten der Sitze als Werbefläche. Micheal O'Leary ist offizielles Aushängeschild des Unternehmens und sorgt mit seiner Person für aufsehenerregende Aktionen der Fluglinie. Weil sie jedoch Ende der Achtziger kurz vor dem Ruin steht, sieht sich der Ire bei der amerikanischen Linie Southwest Airlines um und kupfert gnadenlos ab. Er lässt freche Sprüche auf die Maschinen kleben und fährt schon einmal mit einem echten Panzer vor die Zentrale des Konkurrenten Easy-Jet mit der Behauptung, die Kunden von hohen Preisen zu befreien. Er lässt sein Auto als Taxi registrieren, um in

Dublin die Busspur benutzen zu dürfen. O'Leary sorgt auch sonst immer wieder für Aufsehen, weil er in Freizeitkleidung erscheint und einen Kalender mit den hübschesten Stewardessen herausgibt. Betrachtet man die einzelnen Aktionen, dann sind diese insofern kreativ, als dass Bestehendes neu gemixt wurde – eine Sicht- und Denkweise, die jeder immer anwenden kann und sollte.

j) Eigen- gegen Fremdbild

Starke Marken kennen eine Sache besonders gut – sich selbst. Sie wissen um ihre Stärken mindestens ebenso wie um ihre Schwächen. Im Gegensatz zu Nicht-Marken belassen sie es jedoch nicht bei der Analyse, sondern konzentrieren sich auf die starken Seiten und bauen diese Fähigkeiten kontinuierlich aus. Um ebenso zu handeln, muss man sich allerdings erst einmal eine Frage stellen: Wer bin ich?

Einer halbwegs objektiven Antwort steht ein Phänomen gegenüber, das Psychologen relativ gut erforscht haben. Eigen- und Fremdbild weichen häufig voneinander ab. Der wichtigste Grund liegt darin, dass Menschen die Welt individuell betrachten. Wir glauben, dass alles um uns herum so ist, wie wir es wahrnehmen. Mittlerweile wurde deutlich, dass dies ein Trugschluss ist. Jeder Mensch betrachtet die Welt um sich herum anders. Das liegt an den unterschiedlichen Erfahrungen, Lebensweisen und Anschauungen. Neurologen und Psychologen wissen heute, dass es im Grunde genauso viele Weltsichten geben muss wie Individuen.

Eine Schlussfolgerung daraus lautet, andere Meinungen und Ansichten zumindest als existent zu akzeptieren und nicht im ersten Schritt in Grund und Boden zu diskutieren. Eine andere wurde in weiterführenden Experimenten nachgewiesen: Selbstbilder haben oft nur wenig mit der Realität zu tun. Die Psychologin Carol Dweck meint dazu: „Selbstbilder sind lediglich Glaubenssätze. Es sind tief verwurzelte Glaubenssätze, doch sie existieren nur in Ihrem Kopf und lassen sich ändern." Genauso wie Images lediglich Abbilder sind, die sich auf einen Sachverhalt aus der Realität beziehen, mit diesem aber nie identisch sind, so ist auch das Selbstbild also nur ein geistiges Konstrukt. Wer die eigene Meinung über sich selbst, die oftmals von gelernten Negativ-Gedanken geprägt ist (Das schaffst du nie. Du kannst das nicht. Du bist nicht gut genug…), als Wahrheit und unabänderlich betrachtet, wird sich nie zu einer wirklichen

Marke entwickeln. Auch das Gegenteil trifft zu. Wer eine besonders hohe Meinung von sich hat, die mit der Wirklichkeit nur wenig zu tun hat, ist ein Selbstdarsteller ohne wirkliche Substanz. Um nun Selbst- und Fremdbild halbwegs in Übereinstimmung zu bringen, ist es wichtig, die zwei grundlegenden Richtungen zu kennen. Sie existieren jedoch bei keinem Menschen in Reinkultur, sondern geben lediglich Tendenzen vor: statisch und dynamisch.

Eher statisch geprägte Menschen betrachten die Welt weniger in Facetten als in gegensätzlichen Kategorien: gut-schlecht, schwarz-weiß, entweder-oder. Sie möchten, dass sich die Welt nach ihnen richtet und alles möglichst so bleibt wie es ist. Veränderungen deuten sie als bedrohlich, die es um jeden Preis zu meiden gilt. Bei Problemen suchen sie nicht nach den Ursachen, um sie zu bekämpfen – sie suchen und finden Schuldige und andere Menschen, denen es noch schlechter geht. Statisch orientierte können darüber hinaus nur schlecht mit Niederlagen umgehen, was sie stärker anfällig macht für Depressionen. All diese Denkweisen verstärken einander und führen zu einem Teufelskreis, dem man sich nach vielen Jahren nur noch schwer entziehen kann.

Dynamisch orientierte Menschen betrachten die Welt nicht ausschließlich in einfachen Kategorien, sondern sehen auch Zwischenstufen. Sie erleben Niederlagen und Rückschläge as ebenso schmerzhaft, sind aber in der Lage, aus diesen Phasen zu lernen und sie als notwendig zu betrachten. Sie wissen, dass sich alle Menschen wirklichen Erfolg hart erarbeiten müssen. Herausforderungen und Veränderungen sehen sie nicht als potentiell bedrohlich, sondern als Chance zu Veränderungen. Die zentrale Eigenschaft, welche sie geradezu prädestiniert, eine Marke zu werden, ist die Sicht auf ihre Arbeit. Dynamisch orientierte Menschen lieben, was sie tun. Darum entwickeln sie sich auf diesem Gebiet zu Meistern, was eine unabdingbare Voraussetzung ist, um eine Marke zu werden.

Jeder Mensch besitzt statische und dynamische Anteile. Es kommt darauf an, die dynamischen zu entwickeln. Voraussetzung dafür ist jedoch, sich selbst kennenzulernen. Dies lässt sich relativ leicht bewerkstelligen, indem man wirklich gute Freunde und Bekannte um ehrliche Antworten auf zuvor festgelegte Fragen bittet und anschließend Schnittmengen bildet.

3. Menschen als Marken

Auch wenn es vielleicht lieblos oder unmenschlich erscheint, Erkenntnisse von Produkten und Dienstleistungen auf Menschen zu übertragen; spätestens beim langfristigen Nutzen von Marken wird klar, warum es sinnvoll ist, sich selbst zu einer herauszubilden. Dabei sind Menschen-Marken keine Erfindung der Neuzeit – es gibt sie schon immer. Sie alle haben ähnliche Eigenschaften, auch wenn sie individuell grundverschieden sind. Alle Menschen-Marken wollen ihr Leben allein bestimmen und sich nicht von den Umständen treiben lassen. Sie hören nicht auf das, was andere reden und gehen ihren eigenen Weg. Sie arbeiten beständig und konsequent an ihrem Image und lassen sich nicht aus der Bahn werfen. Sie konzentrieren sich auf ihren Markenkern und stärken ihre Besonderheiten, mit denen sie sich von anderen Menschen unterscheiden. Conrad Seydl und Werner Beutelmeyer haben Menschen-Marken in bestimmte Kategorien eingeordnet, die ich hier wiedergebe:

Kaiser-Persönlichkeit: Dazu zählen solche Menschen, die zwar von Dutzenden Konkurrenten umgeben sind, aber dennoch den Markt beherrschen. So gibt es zum Beispiel Dutzende Dirigenten, aber nur einen Simon Rattle.

Helden-Persönlichkeit: Hier wird ein Produkt mit jener Person identifiziert, welche dieses Produkt geschaffen hat. Zu den bekanntesten zählen Steve Jobs (Apple), Enzo Ferrari, Steven Spielberg (Dreamworks) oder auch Bill Gates (Microsoft). Diese Menschen stehen beispielhaft für die Haltung, den eigenen Weg zu gehen.

Experten-Persönlichkeit: Diese Spezialisten findet man zunehmend mehr, denn in unserer hochkomplexen Welt sind alle Menschen immer stärker auf das Wissen und Können von Fachleuten angewiesen. Klar wird bereits hier, dass dies die vermutlich einfachste Form ist, sich selbst zu einer Marke herauszubilden.

Simpatico-Persönlichkeit: Diese Marken passen sich flexibel den Wünschen ihrer Zielgruppe an, was jedoch gleich zwei Gefahren in sich birgt. Es ist schwer, in einer Sache wirklich gut zu werden. Zum Zweiten verschwindet der wichtige Markenkern, mit dem sich Marken von anderen abgrenzen.

3.1 Beispiele aus dem Geschichtsbuch

a) Die Marke Pharao

Ramses II. lebt vor mehr als dreitausend Jahren in Ägypten. Er ist machtbewusst und machthungrig. Darum versucht er, das Land der Hethiter zu erobern, was ihm trotz jahrelangem Hin und Her nicht gelingt. Eine entscheidende Schlacht, die er verliert, schreibt er jedoch einfach um und lässt sie als „Sieg" in Stein meißeln. Überall im Land entstehen Tempel, die vor allem dazu dienen, seiner Person zu huldigen. Dabei bleibt es jedoch nicht. Der Pharao lässt überlebensgroße Statuen aufstellen, die seinen Gegnern Furcht einflößen und den eigenen Leuten immer wieder vor Augen führen, wer das Sagen hat. In Abu Simbel entsteht ein Tempel, der das Sonnenlicht so raffiniert in einen sechzig Meter tiefen Tempel leitet, so dass es auf die Statue des Herrschers trifft – nicht jeden Tag, sondern nur zweimal im Jahr. So stellt der Pharao sicher, dass sein Name auch dreitausend Jahre später nicht vergessen wird und Menschen aus der ganzen Welt kommen, um den großen Herrscher zu besuchen.

b) Die Marke Schriftsteller

Kennen Sie Goethe? Natürlich, werden Sie sagen. Faust, Werther, Zauberlehrling, Erlkönig. Goethe steht auf dem Lehrplan in den Schulen, er wird in den Theatern gespielt und steht in manchen Bücherregalen. Goethe ist seit fast zweihundert Jahren allgegenwärtig. Aber nur, weil er sich selbst vermarktet hat. Ja, Sie lesen richtig. Goethe ist vor allem deshalb berühmt geworden, weil er ein eifriger Selbstvermarkter war. Ansonsten würden den Namen wahrscheinlich nur noch Literatur-Wissenschaftler kennen. Goethe verwendet bereits im 18. Jahrhundert Mittel, die wir heute getrost als Werbung und PR bezeichnen würden. Er tut dies, weil auch im 18. Jahrhundert der Literaturmarkt schon ein Markt ist, und Angebot und Nachfrage wie zu allen Zeiten über Top oder Flop entscheiden. Wie gelang ihm das?

Goethe erwähnt in selbstverfassten Artikeln positive Kritiken seiner Werke. Er lässt andere Autoren, die sich lobend über ihn äußern, nachdrucken. Negative Meinungen hingegen müssen aus der Öffentlichkeit verschwinden. Der Schriftsteller aus dem kleinen Städtchen Weimar äußert sich in Fachblättern als Spezialist. Er versendet Interpretationshilfen seiner Werke und veröffentlicht ausgesuchten Briefwechsel. Um das Bild über seine Person gezielt aufzubauen, veröffentlicht er seine Autobiografie, die ein bestimmtes Image befördert. Zugleich vernichtet er Dokumente, welche diesem Bild widersprechen. All diese Aktionen sind letzten Endes erfolgreich und führen zur Marke Goethe.

c) Die Marke Bodyguard

Im Film „Bodyguard" aus dem Jahr 1992 bekommt Frank Farmer (Cevin Costner) den Auftrag, die zickige Rachel (Whitney Houston) zu beschützen. In einer Schlüssel-Szene sagt er zum Manager der Sängerin: „Wer mich engagiert, muss nicht davon überzeugt werden, dass sein Leben in Gefahr ist." Die Informationen, welche die Bodyguard-Marke Frank Farmer mit diesem einen Satz äußert, lauten:

Mich engagieren nur Leute, die wissen, dass ihr Leben wirklich in Gefahr ist. → Meistens ist nur das Leben von wirklich wichtigen Leuten in Gefahr. → Wenn diese jemanden engagieren, um ihr Leben zu schützen, dann nehmen sie einen der besten, weil es um ihr eigenes Leben geht. → Also gehöre ich zu den besten des Fachs.

Interessant an diesem Beispiel ist, dass die Marke Frank Farmer die wichtigsten Informationen nicht selbst herausstellt, sondern lediglich durch eine kleine Andeutung dem anderen nahelegt. Es geht also oftmals nicht darum, Werbung zu betreiben. Besser ist es allemal, Understatement zu betreiben und nur Andeutungen zu machen, welche die Gedankenmaschine der anderen Menschen gezielt in Gang setzen. Frank Farmer ist eindeutig eine Marke. Darum kann er es sich erlauben, selbst lukrative Angebote abzulehnen und seinen Auftraggebern zu diktieren, wie der Hase zu laufen hat. Das beste Resultat aber aus seiner Existenz als Marke: Er kann seinen Preis nach oben schrauben und sich teuer verkaufen.

d)   Die Marke Pianist

Vor seinem dreißigsten Geburtstag ist er bereits eine lebende Legende. Er spielt Bach wie kaum ein anderer vor ihm und begeistert Menschen auf der ganzen Welt. Währenddessen sitzt er auf einem gerade einmal dreiunddreißig Zentimeter hohen Klavierstuhl, den sein Vater ihm baute. Glenn Gould wird 1932 in Kanada geboren und stirbt wenige Tage nach seinem fünfzigsten Geburtstag. Um seinen Tod und sein Leben ranken sich bis heute Geschichten, weil der Pianist nicht nur ein hervorragender Künstler ist, sondern auch außer-gewöhnlich lebt und arbeitet. Weil ihm die Menschen im Konzertsaal zunehmend unangenehm werden, zieht er sich nach einer neun Jahre dauernden Konzerttätigkeit 1964 ins Studio zurück und produziert ab diesem Zeitpunkt nur noch dort. Sein Spiel erregt in der Fachwelt und bei Laien gleichermaßen Aufsehen, weil es meist alles in Frage stellt, was bis dahin als sicher galt. Andererseits gelingt es ihm so, Bach einem breiten Publikum nahezubringen, denn dessen Kompositionen sind meist nur den Fachleuten vertraut.

Dass sich der Musiker andererseits abfällig über Komponisten wie Mozart und Beethoven äußert, trägt nicht unwesentlich zur Legendenbildung bei. Darüber hinaus schreibt er aber auch Texte und Hörspiele und pflegt eigenartige Marotten. Auch im Sommer trägt er Handschuhe – aus Sorge um seine Hände. Ein Mitarbeiter von Steinway klopft ihm zur Begrüßung auf die Schulter – mit dem Ergebnis, dass der Künstler das Unternehmen verklagt: er glaubt, dass dieses Schulterklopfen Ursache für Beschwerden sind, die sein Spiel beeinträchtigen. Sein plötzlicher Tod ist offiziell die Folge eines Schlaganfalls, wahrscheinlich aber auch auf den jahrelangen Konsum von Valium zurückzuführen – einem Medikament, das gegen Angst eingesetzt wird und abhängig macht.

Glenn Gould bietet neben hervorragender Qualität alles, was eine Marke zu einer solchen macht. Er besetzt eine Nische, indem er zum Beispiel Musik konsequent anders interpretiert als andere Pianisten. Er fällt auf, macht mit verschiedenen Mitteln auf sich aufmerksam und sorgt so für dauernden Gesprächsstoff. Der Künstler schert sich wenig darum, was andere von ihm denken; er geht seinen Weg konsequent und eigensinnig. Genau diese beiden Eigenschaften sind für menschliche Marken herausragend; sie setzen allerdings voraus, dass man seinen eigenen Weg kennt.

Einige Leser werden an dieser Stelle zu Recht einwenden: Ich bin doch kein lebloses Produkt, das jeder kaufen kann. Ich bin doch keiner dieser aufdringlichen Selbstdarsteller, die immer im Vordergrund stehen müssen. Ich bin weder Goethe, Frank Farmer, weder Ramses noch Glenn Gould und will dies auch gar nicht werden. Natürlich nicht. Jeder von uns ist aber Teil eines Marktes. Dieser beschränkt sich nicht nur auf Deutschland und Europa, er ist global. Darum werden langfristig vor allem jene erfolgreich sein, die sich selbst als etwas Besonderes sehen und ihre ganz persönlichen Stärken richtig zu kommunizieren wissen.

Selbstvermarktung muss nichts mit aufdringlicher Selbstdarstellung zu tun haben. Natürlich kennen wir Personen-Marken aus dem Fernsehen, aus dem Show-Geschäft, aus der Politik. Es gibt viele Mittel, um selbst zur Marke zu werden. Diese sind oft sogar kostenfrei oder für wenig Geld zu haben. Man muss um sie wissen und richtig anwenden. Der Lohn für konsequente und zielgerichtete Selbstvermarktung ist genau derselbe wie für das Unternehmen, das Markenprodukte verkauft: (Menschen-)Marken verdienen auf dem umkämpften Arbeits-Markt mehr Geld, sie können höhere Gehälter und Honorare einstreichen. Sie müssen häufig nicht den Jobs oder Aufträgen hinterherlaufen, denn die anderen wollen die Marke haben – nämlich die Person und ihre einzigartigen Leistungen.

3.2 Besonderheiten menschlicher Marken

Menschen besitzen bereits das, wovon Marketing-Fachleute träumen. Sie sind von Geburt an einzigartig, werden Persönlichkeiten mit besonderen Talenten und Eigenschaften, stärken im Idealfall ihre Stärken und pflegen die kleinen Marotten. Markenmacher in der Industrie sprechen ganz bewusst von Markenpersönlichkeiten, wenn sie sich auf Produkte, Unternehmen und Dienstleistungen beziehen. Sie beziehen Eigenschaften lebender Personen auf Nichtbelebtes, weil sie wissen, dass mit Personen eine Reihe positiver Eigenschaften verbunden sind. Menschen hingegen muss man nicht erst künstlich personifizieren und beleben, weil sie bereits quicklebendig sind.

Eine zweite Eigenschaft macht Menschen für jede Form des Marketings interessant. Sie sind in der Lage, sich zu entwickeln und anzupassen. Zwar trifft diese Eigenschaft auch für Produkte zu – allerdings entwickeln diese sich viel langsamer und von außen gesteuert. Menschen sind – entgegen allgemeiner Auffassung – viel freier in ihren Entscheidungen, als sie sich dies selbst eingestehen. Sie können schnell reagieren und sich an neue Situationen anpassen. Wenn das nun innerhalb eines festgelegten Rahmens geschieht und der Betreffende weiterhin seine großen Ziele verfolgen kann, wird diese Flexibilität ein Teil der entsprechenden Marke. Menschen schauen nämlich zu jenen empor, die einerseits wissen, was sie wollen, andererseits aber auch so flexibel sind, sich geänderten Bedingungen anzupassen.

Die dritte Eigenschaft hat etwas mit Äußerlichkeiten zu tun. Die Erfahrung lehrt uns, dass in Verpackungen häufig nicht das steckt, was sie uns suggerieren. Der voluminöse Karton enthält mehr Blasenfolie als Produkt; das Foto auf der Büchsensuppe hat nur mit ganz viel Fantasie etwas mit dem Inhalt gemein; das Kleid sah im Katalog viel bunter und überhaupt weitaus vorteilhafter aus als am eigenen Körper. Ganze Heerscharen von Werbefotografen, Designern und Textern umweben das Produkt mit einem Glorienschein, der uns verführen soll.

Ganz anders sieht es aus mit einem Menschen und seiner Verpackung. Wir alle übertragen die meist nonverbalen Zeichen, die ein Mensch aussendet, sofort auf ihn selbst, seine Leistungen, seinen Charakter, sein Image. Wer pünktlich und korrekt auftritt, wird auch so gesehen. Wer bestimmt und zielgerichtet kommuniziert, wird als bestimmt und zielgerichtet wahrgenommen. Wer diesen Imagetransfer von außen nach innen bewusst steuern will, muss sich im ersten Schritt bewusst werden, wie dies funktioniert. Im zweiten geht es darum, die gewünschten Image-Bestandteile festzulegen und sich zu fragen, wie sie zu kommunizieren sind.

Eine vierte Eigenschaft menschlicher Marken wird häufig im Zusammenhang mit dem negativ gemeinten Wort Selbstdarsteller verbunden, ist aber notwendig. Wer eine Marke werden will, darf nicht rundgeschliffen sein. Dieter Bohlen ist auch deshalb so weit gekommen, weil er auffällt, aneckt, große Töne spuckt. Menschen-Marken müssen auffallen und auffallen wollen. Dazu gehört eine gesunde Portion Selbstbewusstsein, die wiederum auf Leistungen basiert. Erst dann können sie es sich leisten, Ecken und Kanten zu besitzen, an denen sich andere Menschen ruhig stoßen dürfen und sollen.

Die letzte Eigenschaft ist als übergreifende zu verstehen. Menschen-Marken sind auch nur Menschen. Sie haben Schwächen, sind nicht perfekt und darum einfach menschlich. Wer jedoch entgegen aller Erfahrung nach Perfektionismus strebt, krampfhaft kleine Schwächen versteckt, wird langfristig nicht nur krank werden – er wird auch unglaubwürdig. Es geht nicht darum, alle persönlichen Schwächen zu offenbaren und der ganzen Welt zu zeigen, sondern sie als Merkmale des Menschseins zu verstehen. Wer zum Beispiel Fehler zugibt und sich entschuldigt, steigt in der Achtung anderer. Es geht jetzt aber im nächsten Schritt darum, Energie aufzuwenden, um den Fehler wieder auszumerzen und sich so wieder ins richtige Licht zu stellen. Insgesamt sollten Menschen-Marken sich bewusst sein, dass sie fehlbar sind. Wenn sie jedoch – im Idealfall für die anderen sichtbar – an ihren kleinen Unzulänglichkeiten arbeiten, um die Folgen abzumildern, wachsen sie in den Augen der Nicht-Marken.

4.   Mittel aus Werbung und PR

In der Wirtschaft wird auch heute noch in vielen Bereichen der Unternehmenskommunikation die Unterscheidung zwischen den beiden großen Bereichen Werbung und Public Relations aufrechterhalten. Aus mindestens zwei Gründen ist dies aber überholt und kontraproduktiv:

- Menschen unterscheiden bei den empfangenen Signalen nicht nach Werbung und PR; sie ordnen diese höchstens einem Unternehmen oder Produkt zu.
- Aufgrund der Fülle an Informationen müssen alle ausgesandten Informationen ein in sich geschlossenes Gesamtbild erzeugen – ob dies von Werbung oder PR geschaffen wurde, ist egal.

Wir beteiligen uns nicht an der Diskussion, ob eine Maßnahme nun der Werbung oder der PR zuzuordnen ist, sondern betrachten Maßnahmen, die folgenden Kriterien genügen müssen: preiswert oder kostenfrei, wirksam, von den meisten Menschen umsetzbar. Um diese möglichst effektiv einzusetzen, müssen wir uns zuvor jedoch Gedanken machen, welches Ziel mit alle diesen Maßnahmen erreicht werden soll. Wer das Ziel kennt, ist auch in der Lage, die besten Mittel einzusetzen.

4.1 Zielimage – der rote Faden

„Das Wort Image bedeutet Bild, Standbild, Abbild sowie auch Vorstellung und Idee. Die beiden letzten Ausdeutungen liegen dem psychologischen Imagebegriff am nächsten. Image ist das subjektive, das persönliche Vorstellungsbild, das sich Menschen – Einzelpersonen oder Gruppen – bewußt und/oder unbewußt von einer Person, einer Sache, einem Land, einer Ideologie oder einem sonstigen Meinungsgegenstand machen. Eine ausschließlich bewußt rationale Erfassung und Verarbeitung der Umwelt und des Umweltgeschehens ist wegen der Fülle von Eindrücken nicht möglich. So entsteht das Image nicht nur auf der Basis von Wissen, Erfahrung und glaubhaften Informationen, sondern auch von Emotionen (Erwartungen, Wünschen, Hoffnungen, Ängsten...) und sozialen Umfeldeinflüssen (Gruppenzugehörigkeit, Lebensstil, Ideologie...). Das Image ist damit nicht als eine rein bildhaft visuelle Vorstellung zu verstehen, es ist multidimensional." (Pflaum / Bäuerle 1995: 175)

Betrachten wir die wichtigsten Elemente dieses zentralen Begriffs einzeln, um die Potenzen zu erkennen, die in zielgerichteter Image-Bildung liegen: Die Images sind als Orientierungshilfen Basis für individuelles Verhalten und individuelles Erleben. Der Mensch erlebt z.B. ein Produkt nicht so, wie es „objektiv" ist, sondern entsprechend des Images. Mit dem Begriff bezeichnet man keine Tatsache, keinen Sachverhalt, keinen Menschen, sondern lediglich ein Bild, welches Menschen von diesem Sachverhalt, vom Produkt oder dem anderen Menschen im Kopf haben. Das Image entsteht auf der Grundlage vieler Quellen: Fakten, Emotionen, Wünsche, Erfahrungen, Aussehen, Auftreten, kommunizierte Inhalte. Weil dem so ist, lässt sich ein Image gezielt erzeugen: durch Handlungen, Äußerungen, die Verpackung, den Internetauftritt, das Auftreten in der Öffentlichkeit... Es wird aber auch von anderen Menschen und deren bereits vorhandenen Äußerungen und Meinungen beeinflusst. Hier die wichtigsten Faktoren, welche das Image bilden:

a) Handlungen

Handlungen sind das bedeutendste Element für den Aufbau von Images. Wenn zum Beispiel ein Unternehmen etwas verspricht und es dann nicht hält, beeinflusst dieses nicht-eingelöste Versprechen sein Image. Wenn eine Person exakt arbeitet oder schlampig, beeinflusst dies ihr Image. Wenn ein Dienstleister exzellenten Service verspricht und Kunden tagelang auf eine Antwort warten, beeinflusst dies ebenso das Image. Alle Handlungen, die Marken durchführen, wirken zusammen und zahlen auf das Konto des Bildes über die Marke ein. Dass dies natürlich besonders für die Marke Mensch zutrifft, liegt auf der Hand.

b) Äußerungen

Es ist nicht nur wichtig, WAS jemand sagt, sondern WIE. Viele Informationen übermitteln wir unterschwellig und nebenher. Zugleich hat der Zusammenhang, in dem etwas gesagt oder geschrieben wird, Einfluss auf das zu erzeugende Bild. Dies trifft für alle Marken zu. Darum sollten unbedingt alle schriftlichen und mündlichen Äußerungen überprüft werden, ob sie mit den tatsächlichen Leistungen übereinstimmen. Im Zweifel sollte man lieber neutral formulieren oder Understatement betreiben.

Eine andere Tatsache, die uns zu denken geben sollte, bezieht sich auf das individuelle Verstehen. Wenn Menschen Informationen übermitteln, dann verstehen die andere nie genau das, was man ihnen sagt. Verstehen ist ein Vorgang, der auf aktivem Handeln beider Seiten beruht und immer individuelle Gedächtnisinhalte aktiviert. Hinzu kommt, dass Informationen sich im Laufe der Zeit und von einem Menschen zum anderen verändern – man denke nur an das Spiel „Stille Post". Es ist also ratsam, nicht wahllos alles jedem mitzuteilen, sondern Inhalt, Qualität und Quantität der Informationen dem Kommunikationspartner anzupassen. Mehr dazu erfahren Sie im Buch „Erfolgreich kommunizieren".

c) Auftreten / Äußerlichkeiten

Der Eindruck, den eine Marke erzeugt, resultiert auch aus Äußerlichkeiten. Bei Produkten, Unternehmen und Menschen gehören gleichermaßen die Verpackung und das Auftreten in der Öffentlichkeit dazu. Tritt ein Mensch zum Beispiel selbstbewusst auf, wird er auch als selbstbewusst gesehen. Schleicht er hingegen gebeugt durch die Welt, ist sein Image entsprechend. Fußballtrainer, so das Ergebnis einer Studie aus England, wirken besonders dann kompetent, wenn sie während des Trainings einen Trainingsanzug, aber während des Spiels einen Anzug tragen. Ein Versuch, den ich seit Jahren immer wieder mal durchführe, funktioniert fast immer. Im Bahnhof, im Kaufhaus, überall, wo viele Menschen sich aufhalten, kann man ihn durchführen – man benötigt dazu nur ein wenig Mut. Auf dem Weg durch eine Menschenmenge geht es darum, den Oberkörper zu straffen, das Schritt-Tempo zu erhöhen, den Kopf etwas höher als die anderen zu halten und selbstbewusst geradeaus zu marschieren. Die Mitmenschen nehmen diesen selbstbewusst und vor allem zielstrebig agierenden Zeitgenossen meist nur indirekt wahr, weichen aber unbewusst leicht aus. Es klappt, meistens zumindest…

d)   Meinungen und Gerüchte

Über jeden und alles existieren vorgefasste Meinungen, zugleich kursieren Gerüchte. Interessant ist, dass diese oftmals nicht auf eigener Anschauung beruhen, sondern auf dem, was Menschen hören, lesen und sehen. Wer bereits existierende Meinungen kennt, kann sie entweder verstärken oder dagegen angehen. Dies wiederum hängt vom Zielimage ab, welches natürlich festgelegt werden muss. Weil das meiste Wissen, welche Menschen heute besitzen, kommuniziertes ist, lassen sich sogar gezielt (positive) Geschichten verbreiten. Allerdings haben Forschungen auch gezeigt, dass Menschen ihre Aufmerksamkeit besonders dann auf eine andere Person ausrichten, wenn negative Gerüchte über diese existieren. Das Dilemma besteht nun darin, auf der einen Seite Aufmerksamkeit erzeugen zu wollen, andererseits dies aber nicht unbedingt durch negative Handlungen oder Äußerungen… Eine Lösung, dieser Zwickmühle zu entgehen, besteht darin, immer mal wieder zu provozieren. Nachdem der Fokus der Aufmerksamkeit auf uns gerichtet ist, geht es im zweiten Schritt darum, das scheinbar Negative ins Positive zu kehren, die scheinbare Provokation als ungewöhnlichen Gedanken, als neue Idee umzuformen.

e)   Geruch

Wenn bei einem Bewerbungsgespräch der männliche Bewerber – leicht parfümiert – dem Personalchef gegenübersitzt, hat er sich vielleicht dadurch selbst ins Abseits gestellt. Männer finden andere Männer, die sich beduftet haben, weniger geeignet und misstrauen deren Eigenschaften. In den letzten Jahren haben Wissenschaftler Düfte und unser Verhalten darauf untersucht. Sie sind zu erstaunlichen Resultaten wie jenem über männliche Bewerber gekommen. Auch andere Ergebnisse lassen uns aufhorchen. So ergaben Untersuchungen drei Schwellenkonzentrationen. Auf der Wahrnehmungs-Schwelle wird Menschen bewusst, dass sie überhaupt etwas riechen, sie können aber nicht sagen, was es ist. Auf der Erkennungs-Schwelle können sie sagen, um welchen Duft es sich handelt. Auf der Unterscheidungs-Schwelle sind sie in der Lage, den Duft aufgrund seiner Intensität von anderen, parallel zu riechenden, zu unterscheiden. Viel interessanter als die ins Bewusstsein dringenden Düfte sind jene unterhalb der Wahrnehmungs-Schwelle. In einem Geschäft für Damenbekleidung stieg die Zahl der verkauften Kleidung sprunghaft an, nachdem ein leichter Duft nach Vanille durch die Räume wehte – allerdings so wenig, dass die Käuferinnen ihn nicht bewusst wahrnahmen. Im Hotel „Four Points" in Chicago versuchen die Manager es mit einem unterschwelligen Duft von Apfelkuchen, um den Gästen bereits im ersten Moment das gute Gefühl zu geben, hier willkommen und zu Hause zu sein. Reisebüros verwenden eine Kombination aus Sonnencreme und Meer, Restaurants unterschwellige Düfte exotischer Gewürze.

Weil der erste Eindruck nicht nur bei der Wahl eines Ortes oder eines zu kaufenden Produkts, sondern auch bei Menschen immens wichtig ist, gibt es mittlerweile pfiffige Unternehmer, die individuelles Parfüm herstellen. Der Kunde muss verschiedene Eigenschaften angeben, nach denen sein ganz individueller Duft zusammengestellt wird. Dazu zählen zum Beispiel die Lebensphase, in der er sich befindet, die Gelegenheit, bei der das Parfüm getragen werden soll, vor allem aber die beabsichtigte Wirkung: extravagant, elegant, geheimnisvoll, natürlich, sportlich… Die Auswahl dieser Attribute zeigt, dass die Parfümeure ganz genau wissen, dass Düfte beeinflussen und wie Menschen von anderen gesehen werden.

4.2 Integriert kommunizieren

Manfred Bruhn, Professor für Marketing und Unternehmensführung an der Uni Basel, schreibt vor einigen Jahren in einem Standardwerk zur Unternehmenskommunikation: „Die seit Jahren fortschreitende Sättigung der Märkte und Vervielfältigung der Marken in den unterschiedlichsten Produktbereichen hat bewirkt, dass Unternehmen heute weniger in einem Produkt- als vielmehr in einem Kommunikationswettbewerb stehen."

Wer vor einem Regal im Supermarkt steht, weiß, wie Bruhn zu dieser Einschätzung kommt: Es gibt von allem zu viel. Gewinner im Wettbewerb zeichnen sich darum nicht unbedingt durch die bessere Qualität aus – die setzen wir alle einfach voraus. Gewinner kommunizieren besser. Dies trifft nicht nur für Kekse, sondern auch für Menschen zu. Hinzu kommt eine Situation, die wir kennen: Verbraucher, Konsumenten, Kunden werden vom Aufstehen bis zum Schlafengehen mit zu vielen Informationen konfrontiert. Hinzu kommt, dass jeder auf seinem Gebiet nach eigenen Aussagen der Beste ist, was kaum noch jemand glauben mag – von Schnäppchen, täglich wechselnden billigen Preisen und geilem Geiz ganz zu schweigen. Wenn nun der Sender auf verschiedenen Kanälen unterschiedliche Informationen sendet, ist der Empfänger dann nicht nur verwirrt, sondern wendet sich zu Recht ab. Wer Unterschiedliches kommuniziert, ist unglaubwürdig. Dies trifft für Unternehmen genauso zu wie für Personen. Um diesen Zustand gar nicht erst aufkommen zu lassen, ist es gut, ein Konzept zu besitzen, einen roten Faden, an dem man sich entlanghangeln kann. Wer also ein Konzept besitzt, spart kurz-, mittel- und langfristig viel Geld. Wie aber erhält man es in möglichst kurzer Zeit?

Nach der Analyse des Ist-Zustands wird das Ziel der Kommunikation, das Image, festgelegt. Dieses Bild wiederum lässt sich, wie wir bereits gesehen haben, gezielt formen. Wenn dieses Ziel-Image einmal festgelegt ist, geht es an die Planung der Maßnahmen. Weil Kommunikations-Partner nicht unterscheiden, ob eine spezifische Aktion nun der PR, Werbung oder dem Marketing zuzuordnen ist, spielt diese Unterscheidung bei integrierter Kommunikation auch keine Rolle. Entscheidend ist, dass Menschen auf allen Kanälen und mit allen Mitteln stringent kommunizieren. Im Idealfall dient das Konzept als Handlungsanweisung und zugleich als Kontrollinstanz. Alles, was sich nicht am roten Faden orientiert, muss geändert werden. Positiv gewendet bedeutet das: Wer einen Kommunikationsplan besitzt, kann sich für mehrere Jahre, im Idealfall Jahrzehnte, zurücklehnen, denn er muss sich nur noch an diesem orientieren. Die Schritte, um zu einem ganz persönlichen Konzept zu gelangen, sind relativ einfach zu gehen. Es kommt darauf an, konsequent zu sein und keinen auszulassen:

- Analyse des Ist-Zustands: Wo stehe ich? Wo will ich hin? Welches Bild existiert derzeit von mir (dazu sollte man möglichst viele Freunde und Bekannte fragen und sie um ehrliche Meinungen bitten)?
- Ziel-Image festlegen: Wo will ich hin? Welches Bild möchte ich kontinuierlich aufbauen?
- Maßnahmen und Mittel bestimmen: Wie kann ich das Ziel erreichen?

4.3 Werbung und Public Relations

Der deutsche Begriff für Public Relations ist unglücklich gewählt: Öffentlichkeitsarbeit. Arbeit impliziert etwas Unangenehmes, was gemacht werden muss, zugleich einen einseitigen Informationsfluss. Der ursprüngliche englische zeigt hingegen besser, worum es eigentlich geht, Beziehungen. PR ist keine Einbahnstraße, bei der Medien, Multiplikatoren und andere Meinungsbildner mit Informationen gefüttert werden, die sie lediglich zu verbreiten haben. PR ist gelebte Zweiseiten-Kommunikation, wo es im Idealfall nur Gewinner gibt. Ein gutes Beispiel dafür sind die häufig geschmähten Boulevardblätter. Prominente schimpfen zwar immer mal wieder auf lästige Fotografen, wissen aber auf der anderen Seite ganz genau, dass sie diese benötigen. Wer prominent werden will, muss in die Medien. Auf der anderen Seite stehen die Journalisten, die ihr Medium verkaufen müssen und dies umso besser tun, je effektvollere Geschichten sie zu bieten haben. Promis und Medien leben also in einer perfekten Symbiose – wenn keine Seite über die Stränge schlägt.

a) Medien nutzen

Wer als Marke bekannt werden möchte, kommt nicht umhin, auch die Medien zu nutzen – wobei das Wort *nutzen* auf eine falsche Spur führt. Medienmacher spüren nämlich ganz genau, wann man sie nutzen bzw. benutzen möchte. Weil Journalisten wissen, dass sie die eigentliche Macht sind, um Meinungen zu machen, sind sie sehr sensibel. Andererseits sind sie aufgrund der medialen Konkurrenz gezwungen, Interessantes von außen aufzunehmen und zu verarbeiten. Wer mit Medien kooperiert, muss sich eine Haltung erarbeiten, die auf gegenseitigem Nutzen beruht. Das bedeutet nicht – wie es in den Anfangszeiten der PR teilweise üblich war – Journalisten zu bestechen, sondern ihnen Geschichten zu liefern, die wirklich interessant sind. Zugleich ist es unsinnig, mit der Gießkanne zu kommunizieren und zum Beispiel einen Leserbrief oder Artikel im Regionalblatt zu lancieren, wenn die Zielgruppe dieses Blättchen gar nicht liest. Wer also weiß, auf wen er zielt, weiß auch, mit welchem Medium das Ziel zu erreichen ist. Wenn es die Mitarbeiter, Kollegen, Vorgesetzten sind, ist die Betriebszeitung erste Wahl. In größeren Unternehmen gibt es zudem eigene Fernsehkanäle oder interne Netzwerke, die ausschließlich den Angehörigen vorbehalten sind. Die Redakteure sind meist nur nebenamtlich für das Medium verantwortlich und demnach immer dankbar, wenn ihnen jemand Arbeit abnimmt. Folgende Fragen sollte man beantworten, bevor man mit einem Schnellschuss zum Redakteur läuft:

- Ist das Thema aus Sicht der Medienmacher so interessant, dass sie es verwenden wollen?
- Ist es in der Lage, Bilder zu erzeugen, die sich ohne Probleme produzieren und zeigen lassen?
- Kann man es mit einem Menschen und einer möglichst spannenden Geschichte verbinden?

b) Fernsehen für alle

Die neue Technik macht es möglich. Jeder kann einen Film produzieren, ihn auf die eigene Internetseite stellen, auf youtube veröffentlichen, auf DVD brennen und anderweitig verwenden. Wer einen Film herstellt, sollte sich im Vorfeld bewusst machen, dass er zum einen eine ideale Möglichkeit in der Hand hält, viele Bilder zu produzieren, die andererseits jedoch einen Haken hat. Sie konkurriert mit den täglich neu produzierten, die alle Menschen fast täglich zu sehen bekommen. Folgende Fragen helfen, im Vorfeld die richtige Entscheidung für oder gegen einen Film zu beantworten:

- Zeigt der Film Bilder, die im Idealfall dem schriftlich festgelegten Ziel-Image entsprechen?
- Besitzt er eine Idee, die leicht und preiswert umzusetzen ist?
- Wird er im Idealfall freiwillig weitergereicht?
- Unterhält der Film und folgt er einer Dramaturgie?

Nach diesen grundsätzlichen Fragen geht es daran, einen kleinen Ablaufplan zu schreiben. Darin enthalten sind die einzelnen Szenen, Kamera-Einstellungen und Texte (gesprochen oder eingeblendet). Diese Arbeit ist notwendig, um bereits in dieser Phase zu erkennen, ob der Film wie geplant überhaupt gedreht werden kann. Hier wird auch klar, ob er der wichtigsten Forderung genügt – nicht zu langweilen.

c) Soziale Netzwerke nutzen (oder nicht)

Seit facebook, twitter, XING und andere soziale Netzwerke kommen und gehen, fragen sich Menschen, ob oder nicht. Soll ich beitreten und noch mehr Zeit für ein weiteres Kommunikationsmittel verwenden oder es einfach lassen? Die folgenden Fragen helfen dabei, die Entscheidung pro oder contra zu treffen:

- Kommuniziert meine wichtigste Dialoggruppe in sozialen Netzwerken?
- Macht es Sinn, mit dieser Gruppe einen intensiveren Kontakt zu pflegen?
- Kann ich diese Dialoggruppen regelmäßig (!) mit relevanten (!) Informationen versorgen?
- Kann ich die Dialoggruppen regelmäßig mit Mehrwert versorgen?
- Kann ich genügend kreative Ideen liefern?

Soziale Netzwerke haben gegenüber jenen der alten Schule unbestritten Vorteile. Sie funktionieren rasend schnell, verbreiten sich ebenso und sind relativ leicht zu verwenden. Wer jedoch die Fragen beantwortet, merkt, dass auch diese Medien nicht sinnloses Gezwitscher oder Geschnatter verbreiten dürfen, weil sie ansonsten all die an-

deren Maßnahmen konterkarieren und das schön aufgebaute Image vernichten können. Im Zweifelsfall ist es immer besser, auf ein Mittel bzw. Medium zu verzichten, als
mit einem schlecht gemachten ungewollte Reaktionen zu erzeugen.

4.4. Guerilla-Marketing

Sie greifen an, wenn der Gegner es nicht erwartet. Sie verschwinden nach einem kleinen Anschlag wieder und geben sich häufig nicht als Soldaten zu erkennen. Guerillas
sind Krieger, die unerwartet auftauchen und den übermächtigen Gegner nicht mit einer imposanten Schlacht, sondern den kleinen Nadelstichen zu bezwingen suchen.
Ausgehend von diesem Begriff hat sich in den letzten Jahren eine spezielle Marke-
ting-Strategie herausgebildet, die ebenso funktioniert und demnach auch den Namen
übernommen hat. Sie ist für kleine Unternehmen gedacht, die keinen Marketing-Etat
der Großen aufweisen. Demnach können Menschen, die sich als Person vermarkten
möchten, von diesen Erfahrungen profitieren. Im Folgenden sehen wir uns die wichtigsten Elemente dieser speziellen Marketing-Form an und wie sie sich nutzen lassen.

a) Interessen der anderen im Mittelpunkt

Unternehmen, Institutionen, Menschen sehen aus ihrer Perspektive in die Welt und in-
terpretieren diese aus ihrer Sicht. Das ist normal und verständlich. Die Folge jedoch
ist verheerend, denn der Sender von Informationen stellt dar, was er alles kann, warum er besser ist als der andere. Der Empfänger muss sich nun aus all diesen Informationen die für ihn wichtige erst mühsam erschließen. Die Frage, welche sich sein
Gehirn unablässig stellt, lautet: Was habe ich davon? Wenn also der Sender ohne
Umwege beschreibt, was der andere von ihm hat, welche Vorteile er nutzen kann, er-
spart er dem Empfänger Arbeit und Verdruss. Wer auf sich selbst aufmerksam machen möchte, muss die Perspektive wechseln und die andere Sichtweise einnehmen.
Dazu ist es nicht notwendig, teure Marktforschungs-Studien durchzuführen. Viel

preiswerter und effektiver ist es, sich in die andere Person hineinzuversetzen: Wie würde ich reagieren, wenn ich der andere wäre? Welche Ziele hätte ich, wenn ich der Personalchef wäre, den ich erreichen möchte?

b) Überraschen, aufschrecken, erstaunen

Menschen werden immer dann munter, wenn etwas Ungewöhnliches geschieht. Das betrifft alle Ebenen des Lebens, es wird uns nur nicht immer bewusst. Dass Wasser aus dem Hahn gar nicht selbstverständlich ist, bemerkt man erst dann, wenn es nicht mehr fließt. Ebenso hat man sich an Werbespots, an Plakate am Straßenrand, an Anzeigen in den Zeitungen, an Werbebriefe, Einblendungen auf Internetseiten gewöhnt, so dass sie nicht mehr wahrgenommen werden. Da ist es viel besser, Handlungen durchzuführen, die andere nicht erwarten, die aufschrecken nur dadurch, dass sie eingefräste Erwartungen brechen. Dies kann sich auf alle Elemente menschlicher Handlungen beziehen – Zeit, Dauer, Qualität... Einige Beispiele dazu:

Jedes Jahr vor Weihnachten verstopft Weihnachtspost die Briefkästen: „... bedanken wir uns für das uns entgegengebrachte Vertrauen und wünschen Ihnen und Ihren Lieben..." Bla, bla, Papierkorb. Wie anders reagiert der Empfänger, wenn er Mitte Januar eine Karte erhält, die ein gutes neues Jahr wünscht? Ein Optiker verschenkt in der Einkaufspassage an Passanten Möhren mit dem Hinweis, dass diese das Sehvermögen stärken. Eine Chefin schenkt ihren Mitarbeitern am ersten April ein Stück selbstgebackenen Kuchen mit den Worten: „Das einzige Stück Ehrlichkeit heute."

Beim Guerilla-Marketing geht es im Grunde nur darum, einen Aspekt auszunutzen – die Überraschung. Die Idee muss natürlich auf das Konto des schriftlich festgelegten Zielimages einzahlen und nach Möglichkeit auch unterhalten. Ideen lassen sich finden, wenn man folgende Fragen beantwortet:

- Welches Ziel möchte ich mit der Aktion erreichen (Image stärken, Aufmerksamkeit erregen...)?
- Wen genau möchte ich ansprechen (je genauer die Zielgruppe definiert wird, um so treffsicher ist sie zu erreichen)?

51

- Was erwarten die Menschen für gewöhnlich von mir, was erwarten sie aber bestimmt nicht?
- Wie lässt sich mit diesem Unerwarteten die geplante Botschaft übermitteln?

Der Optiker mit den Möhren ist ganz klar bestrebt, auf sich aufmerksam zu machen. Seine Aktion ist nicht nur sehr preiswert, der Inhalt ist auch noch leicht mit dem Absender in Verbindung zu bringen. Genauso verhält es sich mit der Kuchen backenden Chefin. Der Satz, den sie sagt, kann natürlich verändert werden, wenn ihr klar ist, wie ihre Leute sie sehen sollen.

c) Anders sein als die anderen

Neben einem alteingesessenen Friseurladen eröffnet ein neuer, der seine Schnitte zu Dumping-Preisen anbietet. Nach einigen Tagen kann man im Schaufenster des alteingesessenen Handwerkers lesen: „Wir bringen Ihren 10-Euro-Schnitt wieder in Ordnung." Ein Tischler gibt eine klassische Suchanzeige auf, weil seine wunderschöne Holztreppe verschwunden ist. Ein Redenschreiber verschickt einen Brief, auf dem Umschlag steht: Ihr Zahnarzt sieht sie nie wieder! Im Umschlag steckt ein zweiter mit einem echten Bohrer und einer Visitenkarte. Aus dem Text wird klar: Wer seine Zähne nicht selbst bohrt, kann seine Reden auch von anderen verfassen lassen. In Berlin stehen seit einigen Jahren an Straßenkreuzungen weiß lackierte Fahrräder. Jedes erinnert daran, dass an dieser Stelle ein Fahrradfahrer ums Leben kam. Fahrstühle von Rathäusern entpuppen sich im Innern als Gefängniszellen. Amnesty international weist so überraschend und emotional eindrücklich auf die Situation von Gefangenen hin. Ein als preiswert bekanntes Hotel veranstaltet eine Demonstration vor der eigenen Tür, Hauptbotschaft: Wir wollen keine teuren Hotels, denn preiswert geht auch. Über einem dampfenden Gully-Deckel klebt das Foto (Draufsicht) einer Kaffeetasse, die Botschaft steht daneben. Ein Zebrastreifen auf der Straße hebt sich dadurch hervor, dass ein Streifen viel weißer ist als die anderen. Das Bild des Meister-Proper-Mannes daneben macht klar, worum es geht. Haltegriffe in Bussen sehen aus wie Haarzöpfe, um zu demonstrieren, wie stark das entsprechende Haarstärkungsmittel ist.

All diese Beispiele machen deutlich, dass die besten Ideen förmlich auf der Straße liegen und kein sonderlich großes Budget benötigen. Der Optiker brauchte lediglich eine Kiste Möhren, der Friseur ein einziges Plakat, das demonstrierende Hotel die Arbeitszeit der eigenen Mitarbeiter. Wie man selbst zu solchen Ideen kommt, sehen wir weiter unten.

4.5 Sympathie erwerben

Sympathie ist ein etwas vager Begriff für eine Mischung aus verschiedenen positiven Gefühlen, die eine Person einer anderen gegenüber empfindet. Im Laufe der Geschichte hat sich seine Bedeutung geändert. Ursprünglich bedeutet Sympathie Mitleiden, Mitfühlen vor allem einer negativen Erfahrung. Heute wissen Biologen, dass Menschen sehr gut dazu imstande sind, weil sie im Gehirn Spiegelneuronen besitzen, die fremde Emotionen im eigenen Gehirn spiegeln und somit nach- bzw. miterleben lassen. Heute wird Sympathie im Sinne von Zuneigung und Anziehung verstanden, was nicht mehr auf Schmerz oder Leid des anderen beruht – im Gegenteil. Menschen finden andere sympathisch, sind zu ihnen hingezogen, weil sie eine oder mehrere (meist positive) Gemeinsamkeiten entdeckt haben. Der Psychologe und Biologe Frank Naumann hat nun verschiedene Faktoren ausgemacht, die dazu beitragen, dass ein Mensch einen anderen sympathisch findet:

Sympathisches Äußere: Der Rocker mit Lederkluft wird einen Banker in Anzug und Krawatte wahrscheinlich nur unter großen Anstrengungen sympathisch finden, weil die Kleidung bereits verrät, dass die Ansichten beider weit auseinander liegen. Dass sich der Rocker auch gewaltig täuschen kann, wird er vielleicht nie herausfinden, denn aufgrund des ersten Eindrucks wird er jeden Kontakt nach Möglichkeit meiden.

Ähnliche Ansichten: Menschen, die in Grundüberzeugungen übereinstimmen, werden einander schnell sympathisch finden, was mit einem Phänomen zusammenhängt, dass die Forscher Selbstbild und Selbstwahrnehmung nennen. Jeder Mensch findet sich selbst und seine Meinungen gut und überträgt das dadurch entstandene positive

Selbstbild auf andere Menschen: Tolle Ansichten, die sie da vertritt, ich denke ähnlich.

Fähigkeiten: Jeder Mensch schätzt aufgrund seiner Biografie und Erziehung bestimmte Fähigkeiten besonders hoch ein. Wer in einem musischen Haushalt aufgewachsen ist, weiß um die Schwierigkeiten, ein Instrument zu lernen. Wer bereits in der Kindheit bastelte und gemeinsam mit dem Vater die Wochenenden in der Werkstatt verbrachte, wird Menschen wertschätzen, die in einem handwerklichen Beruf besonders gut sind.

Gegenseitige Bedürfnisse erfüllen: Die Reziprozitäts-Regel besagt, dass Menschen das Bedürfnis haben, eine ausgeglichen Bilanz an gegebenen und empfangenen Leistungen vorzuweisen. Aufgrund des hohen Spezialisierungsgrads in unserer Gesellschaft kann jeder dem anderen mit einer Leistung dienen, welche dieser mit einer anderen zurückzahlen kann. Wenn zwei Personen einander geholfen und unterstützt haben, stellt sich fast unweigerlich aufgrund gemeinsamen Handelns Sympathie ein.

Ein erstes Urteil über fremde Personen fällen Menschen bereits in den ersten Sekundenbruchteilen – das haben wir bereits gesehen. Nun sollten sich Menschen nicht verbiegen und dem anderen eine Scheinperson vorspielen, denn das spürt der andere intuitiv auch nach sehr kurzer Zeit. Trotzdem ist es möglich, bewusst etwas dafür zu tun, um von anderen als sympathisch eingestuft zu werden:

a)   Ähnlichkeiten herstellen

Menschen, die in den ersten Minuten eines Gesprächs nur über sich berichten, werden aus zwei Gründen kaum Sympathiepunkte ernten: Das Gegenüber merkt, dass dieser Mensch viel von sich hält und demnach eine Sympathie auslösende Eigenschaft vermutlich nicht vorhanden ist: Bescheidenheit. Darum hat sich in den unterschiedlichsten Kommunikations-Situationen immer bewährt, erst einmal zurückzustecken und dem anderen das Rederecht einzuräumen. Daraus resultieren mindestens zwei Vorteile. Man erkennt Prioritäten und Vorlieben des anderen und kann demnach Sachverhalte suchen, bei denen sich Gemeinsamkeiten ergeben. Darüber hinaus besteht die Möglichkeit, sich als bescheiden zu präsentieren. Wenn man dann nur in kleinen Häppchen mit dem herausrückt, was man selbst kann, wird dieses Verhalten vom anderen umso mehr bewundert.

b) Vertrautheit und Vertrauen

Spielt man Ratten Musik von Mozart vor, bevorzugen sie später auch diesen Komponisten. Spielt man ihnen jedoch Schönberg vor – eine extrem andere Musikrichtung – hören sie nach einer Zeit der Gewöhnung lieber Schönberg. Psychologen nennen dieses Phänomen „Effekt der Darbietungshäufigkeit". Lebewesen entwickeln zu jenen Sachverhalten eine größere Vertrautheit, welche sie kennen, mit denen sie mehrere Male zu tun hatten. Zeigt man Menschen Bilder anderer Menschen, dann stellt sich nach einiger Zeit ein ähnlicher Effekt ein. Ihnen gefällt ein Gesicht besser, welches sie öfter als die anderen gesehen haben. Zugleich glauben sie, dass die Person hinter dem Gesicht sympathischer wäre als die anderen. Diese Erkenntnisse lassen sich nutzen. Wer bei anderen punkten möchte und als sympathisch erscheinen will, sollte Möglichkeiten suchen, sein eigenes Bild dem anderen möglichst oft zu zeigen. Das beginnt bereits bei einer Besprechung, indem man die Aufmerksamkeit des Chefs durch Äußerungen auf sich zieht. Wer nämlich gar nichts sagt, fällt aus dem Fokus des anderen heraus und wird gar nicht erst wahrgenommen. Da ist es fast egal, wie gut oder schlecht man ansonsten seine Arbeit erledigt.

Nicht zu verwechseln mit Vertrautheit ist Vertrauen. Dieser Begriff bezeichnet den positiv gefärbten Blick in die Zukunft, die Vorschusslorbeeren, welche Menschen verteilen. Wer einem anderen vertraut, begibt sich in dessen Hände und hofft, dass Resultate wie erwartet eintreffen werden. Vertrauen ist einer der besonderen Katalysatoren, um als Marke bekannt zu werden und das eigene Marketing voranzutreiben. Marken sind sich bewusst, dass ein wesentliches Kriterium ihrer Existenz als Marke gerade darin liegt, dass Menschen ihnen vertrauen. Sie halten verbal oder nonverbal gegebene Versprechen, bringen die versprochene Leistung (am besten etwas mehr) und setzen so einen Kreislauf aus Erwartung-Vertrauen-Leistung-Erwartung in Gang, der nach einer gewissen Zeit zum Selbstläufer wird: Ihr oder ihm kann man vertrauen.

c) Soziale Netze

Nicht erst seit den elektronischen Varianten ist klar, dass Menschen Vorteile haben, wenn sie in sozialen Netzen eingewoben und somit aufgehoben sind. Wer vor fünfzigtausend Jahren außerhalb der Gemeinschaft stand, war fast unweigerlich dem Tod geweiht. Dem berühmten Ötzi-Mann ist es vermutlich so ergangen. Heute wird man nicht gleich sterben; soziale Isolation aber besitzt ebenfalls negative Folgen für die psychische und körperliche Entwicklung. Wir beschäftigen uns hier jedoch mit den positiven Folgen.

Spätestens seit der berühmt gewordenen Lachepidemie in Tanganjika wissen Forscher, dass Einstellungen, Verhaltensweisen und sogar Gefühle ansteckend sind und weitergetragen werden. Untersuchungen dazu haben Erstaunliches zutage gefördert. Sie zeigen nicht nur, dass, sondern auch wie die Übertragung funktioniert. Mittlerweile glauben die Forscher, dass sich soziale Eigenschaften und Emotionen sogar nach mathematischen Gesetzmäßigkeiten ausbreiten. Allerdings wissen sie noch nicht, wie das geschieht. Wer in sozialen Netzen eingewoben ist, übernimmt Glücksgefühle und Verhaltensweisen. Jugendliche ahmen ihre Gleichaltrigen nach, um mithalten zu können. Ein ähnliches Motiv haben die meisten Erwachsenen, wenn sie Verhalten anderer nachahmen – sie möchten dazugehören. Wer in einer Gruppe zeigt, dass er genauso oder ähnlich denkt bzw. handelt, beweist die Mitgliedschaft zu dieser Gemeinschaft und wird akzeptiert. Ähnliches Verhalten, Denken und Fühlen sind also die Eintrittskarte zu sozialen Netzen.

Für Menschen, die eine Marke werden wollen, ist nicht so sehr die Menge, sondern die Qualität der sozialen Netze entscheidend. Wer sich als Arzt zu einer Marke entwickeln will, kann zwar einen Teil seiner Freizeit bei den Kaninchen-Züchtern verbringen – es nützt aber nicht viel, um das eigene Ziel zu erreichen. Es geht also darum, die Zielgruppe zu analysieren und herauszufinden, wo sie sich aufhält. Im nächsten Schritt sollte die zukünftige Marke Mittel und Wege finden, um Teil der gewünschten Netze zu werden. Wem es dabei jedoch nur um den bloßen Effekt geht, sollte lieber auf Gruppenzugehörigkeit verzichten. Menschen spüren sehr schnell, wenn andere nur zum Zwecke des eignen Vorteils Teil ihrer Gruppe geworden sind.

4.6 Außergewöhnliche Ideen suchen und finden

Betrachtet man unsere bunte Kommunikationswelt, dann beschleicht einen manchmal unweigerlich das Gefühl, alles schon einmal gesehen oder gehört zu haben. Dies erleichtert die Aufgabe nicht gerade, sich als Marke herauszubilden. Allerdings gibt es einige Möglichkeiten, Ideen und Lösungen zu finden, welche bisher noch nicht existierten. Diese Techniken lassen sich vielfältig für die Selbstvermarktung nutzen – um sich anders zu positionieren als die lieben Konkurrenten, neue Ideen fürs Marketing zu finden, sich anders zu bewerben, Aufmerksamkeit zu erregen. Bevor man sie jedoch anwenden kann, ist ein Gefühl zu überwinden – Angst.

Angst ist eine weitverbreitete Emotion, die für Selbstvermarkter Gift ist. Menschen haben Angst vor Widerständen, vor Kritik, einer nicht geplanten Reaktion, vor dem Scheitern. Wer Angst hat, wird immer die gewöhnlichen Lösungen den ungewöhnlichen vorziehen, immer den sicheren, aber bereits breit ausgetretenen Weg gehen. Diese Arten von Angst können verschiedene Ursachen haben – das Bedürfnis nach Ruhe und Gleichlauf, ein unsicheres Selbstbild, fehlende Risikobereitschaft… Wer sich jedoch aus der Masse herausheben will, sollte die Ängste überwinden und sich klar machen, dass nur das Ungewöhnliche beachtet wird. Es ist einfacher, die Angst zu überwinden, wenn man sich folgende Tatsachen vor Augen führt:

- Menschen bewundern (heimlich) andere Menschen, die mutig sind und sich etwas trauen.
- Menschen folgen anderen, die aus der Masse heraustreten.
- Menschen mit geradem und vorhersehbarem Lebenslauf haben weniger Chancen auf dem Arbeitsmarkt als jene, die einen krummen, aufregenden und damit interessanten Weg hinter sich haben. Das hat einen Grund. Sie sind meistens belastbarer, denn Umwege haben sie gestärkt.
- Eine Niederlage bedeutet nicht Scheitern, sie ist eine Erfahrung, um irgendwann doch ans Ziel zu gelangen.
- Wer Neues ausprobiert, hat mehr Spaß am Leben.

Landläufig kursiert die Meinung, dass es kreative und nicht-kreative Menschen gibt. Das ist falsch. Jeder Mensch ist in der Lage, kreativ zu sein, sonst würde er nicht überleben. Entsprechend allgemein anerkannter Auffassung ist Kreativität die Fähigkeit, aus bereits Vorhandenem etwas Neues zu formen bzw. Vorhandenes neu zu nutzen. Kreativität ist eine Eigenschaft aller lebenden Systeme, die darauf angewiesen sind, neue Situationen zu meistern, sich veränderten Rahmenbedingungen anzupassen. Dabei kann man Kreativität genauso wenig verordnen wie spontanes Handeln. Kreativ werden Menschen notgedrungen, wenn sich ein System in Unordnung befindet, wenn Spannung herrscht, wenn sie ein Ziel erreichen müssen. Wer also kreativ sein will, um neue Ideen zu entwickeln, muss aus der Hängematte raus, das Gegebene in Frage stellen, ein Ziel anstreben. Im Folgenden geht es darum, kreative Ideen zu finden, um sich selbst als Marke zu positionieren und sich als solche zu präsentieren. Die hier dargestellten Möglichkeiten können separat angewendet, sollten aber kombiniert werden. Man kann sie verwenden, um eine Möglichkeit zu finden, in die Medien zu kommen, um eine Überschrift zu finden oder eine Aktion im Guerilla-Marketing. Sie sind jedoch nur dann wirksam, wenn man nicht zu früh aufhört weiterzudenken, wenn man die innere Schere im Futteral lässt und sich gestattet, auch die scheinbar absurdesten Ideen weiterzuspinnen.

a) Spaß und Freude als unabdingbare Voraussetzung

Bei einem Versuch zeigte sich, wie wichtig Spaß, Freude und lockere Atmosphäre für kreatives Denken sind. Einer Gruppe von Studenten zeigte man im ersten Schritt einen lustigen, einer zweiten Gruppe einen wissenschaftlichen Film. Alle sollten anschließend eine Aufgabe lösen. Die erste hat diese nicht nur besser, sondern auch schneller und kreativer gelöst. Spaß und Freude sind verbunden mit positiven Emotionen. Der Geist wird – metaphorisch gesprochen – durchlässig für neue Gedanken, er assoziiert bereitwilliger und verknüpft Dinge, die eigentlich nicht zusammengehören. Lernpsychologen und Neurologen haben in den letzten Jahren bestätigt, was gute Pädagogen bereits seit Jahrhunderten wissen. Mit Zwang und Druck erreicht man weniger als mit Spaß und Freude. Der Grund liegt darin, dass unser Gehirn vor allem Freude sucht und sich spielerisch die Welt aneignen möchte.

a) Visualisieren

Unser Gehirn ist vor allem eine Bildverarbeitungs-Maschine. Es verbindet konkrete Worte mit Bildern, schafft neue Bilder und koppelt Gesehenes an bereits gespeichertes Wissen. Das Gesicht eines Menschen merken wir uns viel besser, Bilder von Orten bleiben länger im Gedächtnis als deren Namen. Diese Bildverarbeitungs-Maschine lässt sich auch nutzen, um kreative Ideen zu finden. Um visuell zu denken, ist es notwendig, sich den betreffenden Sachverhalt als Bild vorzustellen, auch wenn es ein abstrakter ist. Hilfreich sind Personifikationen. Sicherheit wird zum Wachmann, ein schneller Prozess zum Rennwagen, exaktes Arbeiten zum Uhrmacher, die abstrakte Freiheit wird zur Freiheitsstatue, die man persönlich erklimmen muss. Liebe wird zu einem … Auch anstehende Aufgaben können in Gedanken zu Personen werden, derer man sich möglichst schnell wieder entledigen will.

a) Analogien bilden

Analogien sind der eigentliche Denkschritt, um zum Beispiel Vergleiche und Metaphern zu finden. Dabei sollte man zuerst die Eigenschaften des Sachverhalts, um den es geht, separat nennen oder aufschreiben. Im zweiten Schritt geht es darum, auf eine oder wenige dieser Eigenschaften zu fokussieren und die anderen auszuklammern. Im dritten Schritt sucht man einen anderen Sachverhalt, der ähnliche oder identische Eigenschaften besitzt. Ein Beispiel dazu: Bücher besitzen eine Vorder- und Rückseite und viele Seiten. Viele Seiten besitzt ebenfalls ein Kaleidoskop, ein Prisma, ein Mensch… eine Vorder- und Rückseite haben der Mond (von der Erde aus betrachtet), die Theaterbühne (aus Sicht des Zuschauers), der Monitor, ein Bild…

b) Fragen, fragen und in Frage stellen

Eine Frage verweist auf eine Leerstelle, die gefüllt werden will. Kinder beherrschen Fragen perfekt; sie löchern mit diesen die Erwachsenen. Diese jedoch haben im Laufe ihrer persönlichen Entwicklung verlernt, Fragen zu stellen, um sich keine Blöße zu geben, nicht als dumm dazustehen oder aus anderen Gründen. Weil sich jedoch das Wissen der Menschheit rasend schnell vervielfacht, ist diese Grundhaltung völlig verfehlt, denn wir können vom Gesamten immer nur einen verschwindend geringen Teil wissen. Wer einen Sachverhalt befragt, stellt Gegebenes in Frage und macht damit den Weg erst frei für neue Lösungen: Muss man vor eine Kutsche immer Pferde spannen? Nein, man kann auch einen Motor einbauen.

Weltbewegende Ideen sind oft das Resultat scheinbar dummer Fragen. Wieso ist das so? War das schon immer so? Was kann man damit machen? Muss das wirklich so sein? Geht das nicht auch anders? Wer als Mutter oder Vater mit Kinderfragen konfrontiert war, weiß, dass die Kleinen alles in Frage stellen und die scheinbar wissenden Erwachsenen sehr schnell mit ihrem scheinbaren Wissen am Ende sein können. Wer angeblich Festgefügtes in Frage stellt, wird Antworten und Lösungen finden, die vorher nicht möglich waren. Muss man eine Rede immer mit der Anrede beginnen? Kann man eine Krawatte nicht auch anders binden? Wieso muss ich immer morgens im Büro sein? Warum arbeiten alle zur selben Zeit? Was mache ich hier eigentlich und warum? Wer solcherart Fragen stellt, bezweifelt Bekanntes und ist damit den ersten Schritt zu einer neuen Idee gegangen. Anschließend kommt es darauf an, viele Antworten zu finden, unter denen mit Sicherheit eine enthalten ist, die etwas völlig Neues bietet.

c)   Bereiche miteinander kombinieren

Die ersten Autos kombinierten zwei Dinge, die eigentlich nicht zusammenpassen – eine Kutsche und einen Motor. Die erste Buchpresse kombinierte eine Weinpresse und eine Münzlochstanze. Die Kombination zweier Dinge, die eigentlich nicht zusammengehören, wird als die eigentliche Domäne der Kreativität angesehen. Alles, was bereits existiert, lässt sich – zumindest erst einmal in Gedanken – miteinander kombinieren. Es kommen oft erstaunliche Dinge dabei heraus. Dies kann man im Büro und zu Hause zuerst mit Gegenständen probieren, die eigentlich nichts miteinander zu tun haben.

d) Problem / Aufgabe definieren

Wer ein Problem, eine Aufgabe benennt, ist bereits auf halbem Wege, eine Lösung zu finden. Es geht allerdings darum, das Problem oder die Aufgabe möglichst genau zu benennen und nicht pauschal. Ich möchte eine Marke werden und weiß nicht wie, ist zu pauschal. Ich möchte eine Marke werden, aber nicht viel Geld dafür ausgeben, ist schon konkreter und führt geradewegs zur Lösung Guerilla-Marketing.

e) Um die Ecke denken

Diese Fähigkeit perfektionieren Leser ganz spezieller Kreuzworträtsel, bei denen die Beschreibungen genau dieses andere Denken erfordern. Ein Beispiel dazu: „Füße-Eigenschaft kurz vor Rückzieher"… kalt. Um zur Lösung zu gelangen, stellt man sich die Situation als Bild vor (jemand zieht irgendetwas zurück, weil die Füße eine Eigenschaft aufweisen, welche dies nötig machen). Diese besondere Art des Denkens ist Kindern eigen, die noch nicht durch Ressentiments, Schranken, Verbote, vorauseilenden Gehorsam daran gehindert werden. Unsere Aufgabe besteht darin, diesen Zustand beim Denken wiederzugewinnen, um zu neuen Lösungen zu gelangen. Dazu gehört, sich zu entspannen und einen Ort aufzusuchen, an dem man sich gern aufhält und ungestört denken kann.

f) Lesen, lernen, umhören

Wer immer nur Informationen aufnimmt, die mit seinem Fachgebiet zu tun haben, wird nur schwer verschiedene Bereiche miteinander kombinieren können. Ich weiß, dass es heute schon schwer genug ist, im eigenen Bereich auf dem Laufenden zu bleiben, aber Blicke in benachbarte Regionen wirken manchmal Wunder. Computer-Spezialisten tauschen sich zum Beispiel mit Medizinern, Neurologen und Psychologen aus, um zu neuen Ideen zu gelangen. Dieses übergreifende Denken führt dann zu neuen Resultaten, die sich vorher kein Mensch vorstellen konnte. Es geht nicht darum, alle Informationen wahllos zu konsumieren, sondern sich gezielt mit verschiedenen Wissensgebieten zu befassen, die Überschneidungen erlauben. Die Zeit dazu ist vorhanden, wenn man sich einmal sein Verhalten in Bezug auf den Konsum von Informationen betrachtet: Jeden Tag Nachrichten, Zeitung und Fernsehen ist nicht nur überflüssig und macht schlechte Laune – es bringt auch nichts.

g)   Unterbewusstsein arbeiten lassen

Sigmund Freud hat das Verhältnis zwischen Bewusstem und Unbewusstem mit einem Eisberg verglichen. Ein Siebtel davon ist zu sehen – das Bewusstsein – der ganze Rest unter Wasser ist das Unbewusste. Heute sind Neurologen und Psychologen weiter. Sie wissen, dass unser Gehirn noch viel mehr mit dem Unterbewusstsein arbeitet, als der Wiener Nervenarzt je für möglich gehalten hätte. Das Unbewusste (Psychologen sprechen heute eher vom System I) ist weitaus aktiver und – im Verhältnis zum Bewusstsein – auch weitaus größer als uns dies klar ist. Es liefert Gedanken und Impulse, die oft unser Handeln und Denken bestimmen. Es interpretiert und wertet all die Informationen, die täglich auf uns einströmen. Dabei vergleicht es mit bereits vorhandenem Wissen und knüpft Verbindungen – ohne dass wir davon etwas mitbekommen. Auf der Basis dieser heimlichen Arbeit fällen wir dann Urteile und glauben zu Unrecht, dass dies ausschließlich bewusst geschieht.

Dieses verborgene Riesenreich, das automatisch viele Aufgaben erledigt, lässt sich hervorragend einspannen, um Ideen zu finden. Wer das Unbewusste arbeiten lässt, umgeht die bewussten Zweifel, Ängste, Vorurteile, eingefahrenen Bahnen und erlaubt seinem Geist, beliebige Assoziationen zu bilden. Dazu ist es im ersten Schritt notwendig, sich mit der Aufgabe zu beschäftigen und möglichst viele Fakten zusammenzutragen. Dabei ist es vorteilhaft, auch die scheinbar nebensächlichen oder abwegig scheinenden Aspekte mit aufzunehmen. Im zweiten Schritt geht es darum, diese zu durchdenken und in Beziehungen zueinander zu setzen, von verschiedenen Seiten zu beleuchten. Der dritte Schritt ist der wichtigste, denn nun geht es darum, die Arbeit dem Unbewussten zu überlassen. Nicht mehr an die gesammelten Fakten und Tatsachen denken, sich mit völlig anderen Dingen beschäftigen, die Aufgabe aus dem Fokus des Bewusstseins verbannen. Mit Sicherheit wird das Unbewusste sich weiterhin damit beschäftigen und demnächst das Resultat ausspucken, wenn wir gar nicht mehr damit rechnen. Dann ist gut geraten, wer einen Notizzettel oder sogar ein Diktiergerät dabei hat.

Berühmte Beispiele, dass es wirklich funktioniert, finden sich in der Wissenschaftsgeschichte: Der Russe Dmitrij Mendelejew und der Deutsche Lothar Meyer haben fast zeitgleich, aber unabhängig voneinander, das Periodensystem der Elemente aufgestellt. Nach eigenen Aussagen konnte der Russe einige fehlende Elemente jedoch nicht einordnen. Während des Schlafes – wenn das Unbewusste die Regie vollends übernimmt – hatte er einen Traum, in dem die fehlenden Elemente sich selbst an die richtigen Stellen bewegten. Ein zweites Beispiel stammt von dem deutschen Chemiker August Kekulé. Im 19. Jahrhundert waren sich die Gelehrten lange nicht einig, wie die einzelnen Elemente von Benzol zusammenhängen. Im Traum sah der Chemiker eine Schlange, die sich selbst in den Schwanz beißt. Daraufhin hatte er die Idee vom Sechseck, in dem die Kohlenstoff- und Wasserstoff-Atome angeordnet waren. Interessant an dieser Geschichte ist nicht nur, dass der Forscher unbewusst an der Aufgabe weiterarbeitete, sondern auch eine assoziative Verbindung zwischen zwei scheinbar entfernten Sachverhalten zog – der Schlange und einem chemischen Stoff.

h)   Lateral Denken

Edward de Bono, ein Engländer, ist der Spezialist für kreatives Denken. Seine Methode nennt er lateral, weil sie im bewussten Gegensatz zur linearen funktioniert. Linear denken Menschen Schritt für Schritt, der eine muss logisch auf den anderen folgen. Dabei nehmen wir zugleich an, dass die Ausgangsbedingungen und Umstände so sein müssen wie wir sie sehen. Lateral denken bedeutet, von der Mittellinie abzuweichen, an die Seite auszuscheren, bewusst andere Wege zu suchen, bei einem (linearen) Denkschritt zu verweilen und kurz auszuscheren. Es geht darum, Alternativen zu suchen und sich von den angelernten starren Denkmustern zu lösen. Zugleich sollte man auch bewusst nach einer Lösung suchen, die von vornherein unmöglich und abwegig erscheint. Auch Zwischenlösungen, die falsch und absurd sind, werden einbezogen. Gerade sie sind es oft, die auf den bereits benannten Umweg und somit zu einer völlig neuen Lösung führen können.

i)   Regeln brechen

Wer regelkonform denkt und handelt, wird aus der Spur nicht ausscheren können: „Das geht nicht, das kann man nicht, das hat es noch nie gegeben." Wer so denkt, denkt nicht nur sehr bequem, sondern hindert vor allem die kreativen Gedanken daran, sich zu behaupten. Regeln sind von Menschen gemacht, um das soziale Zusammenleben überhaupt zu ermöglichen. Andererseits behindern Regeln, dass wir uns weiterentwickeln. Noch vor gar nicht allzu langer Zeit mussten Arbeiter und Angestellte zu einem ganz bestimmten Zeitpunkt im Unternehmen erscheinen. Weil Untersuchungen aber individuelle Leistungskurven feststellten, gingen viele dazu über, gleitende Arbeitszeiten einzurichten. Der nächste Schritt, die Menschen auch zu Hause arbeiten zu lassen, widerspricht derzeit noch geltenden Regeln, obwohl Menschen in ihrem privaten Umfeld häufig noch produktiver sind.

Denken hat erst einmal keine Konsequenzen. Das schöne deutsche Volkslied weiß, dass die Gedanken frei sind. Gedankliche Höhenflüge, die man anderen nicht mitteilt, können weit hinaus führen, Purzelbäume schlagen und so zu völlig neuen Resultaten führen. Dazu ist es jedoch nötig, bestehende Regeln in Frage und auf den Prüfstand zu stellen, scheinbar Unverrückbares zu verrücken, Regeln zu brechen – zumindest erst einmal gedanklich.

j)   Assoziationen bilden

Der US-amerikanische Nobelpreisträger Daniel Kahneman nennt das Unbewusste eine „Assoziationsmaschine". Wenn der Mensch ein Wort bewusst denkt, dann aktiviert das Unbewusste nicht nur eine Vorstellung, die mit diesem Wort zusammenhängt, sondern viele. Diese werden uns jedoch nicht bewusst. Man könnte sagen, dass diese Vorstellungen bzw. Worte auf ein höheres Aktivitätspotential gelangen und dadurch schneller und leichter ins Bewusstsein gehoben werden können. Eine eindrucksvolle Studie zeigte, dass Menschen zum Beispiel viel eher bereit sind, mehr Geld für die Bildung auszugeben, wenn sich das Wahllokal für die Abstimmung in einer Schule befindet.

Wie lässt sich nun die Fähigkeit unseres Unbewussten nutzen, vielfältige Verbindungen zu schaffen? Indem bei der Suche nach neuen Ideen der Geist möglichst ohne innere Schere, ohne vorgefasste Meinungen, ohne vorauseilenden Gehorsam arbeitet. Es geht darum, allen Verbindungen nachzugehen (dies geschieht optisch beim so genannten Mind-Map), auch wenn sie scheinbar zu nichts führen. Aussagen wie „Das kann nicht gehen", „Das ist aber viel zu teuer" und ähnliche sind beim freien Assoziieren tabu.

k)   Mauern und Schranken einreißen

Die zentrale Forderung beim Finden neuer Ideen hört sich zuerst einmal einfach an, ist aber am Anfang schwer umzusetzen. Wir müssen uns von gelernten, überlieferten, habitualisierten Schranken, Einschränkungen, Regeln und Verboten radikal trennen. Man macht das nicht, das gibt's doch gar nicht, das geht nicht… sind Sätze, die völlig fehl am Platz sind. Bis zu den Seefahrern, welche die Erde umfuhren, glaubten auch die meisten Menschen, dass unser Planet eine Scheibe sei. Niemand glaubte in den Sechzigern, dass Menschen zu Hause einen Computer bräuchten. Noch vor zwanzig Jahren konnte man sich nicht vorstellen, überall ohne Schnur zu telefonieren. Brot an der Tankstelle kaufen? Zum Mond fliegen? Auf dem Meeresgrund leben? Zu Hause arbeiten? Ohne Auto leben?

Wer in alten Bahnen denkt, wird auch nur die ausgetretenen Pfade beschreiten, die schon andere Menschen gelaufen sind. Abseits vom Weg liegen die interessanten Ideen. Wer allerdings Angst vor Disteln, kleinen Blessuren und Abschürfungen hat, wird auf dem sicheren Weg bleiben. Die anderen, die sich mutig durch die Büsche schlagen, kehren oft genug wieder zum Weg zurück. Sie werden aber von den Wegelatschern als das gesehen, was sie sind: besonders und un-gewöhnlich.

5.   Empfehlungsmarketing

5.1 Besonderheiten einer Empfehlung

Jeder hat bereits viele Empfehlungen auf seinem Konto. Filme, Speisen, Restaurants, Urlaubsziele, Spezialisten… werden täglich empfohlen. Betrachtet man das Verb *empfehlen* genauer, wird klar, welche Bedeutung die Handlung für erfolgreiches Marketing gerade bei Menschen besitzt. Laut Wörterbuch bedeutet es „auf etwas hinweisen als etwas Annehmbares, zu Bevorzugendes oder zu Berücksichtigendes". Eine Person weist also eine Person B darauf hin, dass es an irgendeinem Ort etwas gibt, was für diese Person positiv sein könnte. Nicht nur das Reziprozitäts-Prinzip wird hier wirksam, sondern auch noch ein anderes psychisches Phänomen, das bei den Wissenschaftlern immer für Diskussionen sorgt: Altruismus. Damit meinen sie ein Verhalten, welches das Wohlergehen des anderen im Sinn hat. Ich kümmere mich um den anderen, sorge mich um ihn, mach mir Gedanken, wie es ihm gut geht. In Zeiten einer allseits beklagten Individualisierung stechen also genau jene Handlungen besonders hervor, die nicht auf sich selbst zielen, sondern auf den Mitmenschen.

Evolutionsbiologen glauben heute, dass altruistisches Verhalten in Reinkultur gar nicht existiert, denn Menschen versprechen sich unbewusst immer einen Lohn. Auch die scheinbar völlig selbstlosen Helfer in Krisengebieten (deren Leistungen man nicht hoch genug einschätzen kann), haben oft religiöse Gründe für ihre Taten. Eine Empfehlung ist vor diesem Hintergrund also vor allem eine Handlung, die nicht auf den Empfehlenden selbst zielt, von der er sich im ersten Moment offenbar nichts verspricht.

Eine andere Besonderheit hängt damit zusammen, dass der Empfehlende in den meisten Fällen aus Erfahrung spricht. Er selbst fand den Film gut, den Klempner fleißig, den Spezialisten kompetent, das Hotel grandios. Wer eine Empfehlung ausspricht, begibt sich demnach automatisch in die Situation, als lebender Beweis für die Richtigkeit seiner Aussagen einzutreten. Damit ist ein gewisses Risiko verbunden, denn wenn der andere negative Erfahrung mit dem empfohlenen Sachverhalt machen wird, fällt von diesem Negativ-Urteil auch ein kleiner Schatten auf den Empfehlenden. Wer also empfiehlt, muss sicher sein, dass der andere nach empfangener Leistung ebenso denkt. Weil Menschen diese Zusammenhänge kennen, greifen sie häufig auf Empfehlungen zurück. Dies wird auch im Internet deutlich. Bevor sie ein Produkt kaufen, studieren sie Empfehlungen und Berichte von Käufern. Kunden gehen zu Recht davon aus, dass andere Kunden kein geschäftliches Interesse haben. In den meisten Fällen klappt das auch ganz gut.

Zusammenfassend lässt sich sagen, dass Empfehlungen eine ganz besondere Art des Marketings darstellen, denn der Empfehlende hat meist nichts davon. Es muss also handfeste Gründe geben, eine Empfehlung auszusprechen, was wiederum die Glaubwürdigkeit erhöht.

5.2 Empfehlende generieren

Wenn Empfehlungen so besonders sind, ist zu fragen, wie man dieses Mittel des Marketings für sich selbst nutzen kann. Dazu muss man wissen, wann Menschen auf Empfehlungen zurückgreifen, in welchen Situationen sie einer Empfehlung eher trauen als den allseits uns überflutenden Werbeaussagen. Befragungen in Deutschland und England zeigten, dass die meisten Menschen Empfehlungen ausgesprochen und entgegengenommen haben. Sie greifen in den folgenden Fällen gern darauf zurück:

Das Produkt ist kompliziert und erklärungsbedürftig: Wer sich heute nur einfache Laufschuhe, eine Regenjacke oder einen Spaten kaufen möchte, sieht sich einer Flut verschiedener Produkte gegenüber. Die Verwirrung wird durch Fachbegriffe, modern klingende Beschreibungen und ganz spezielle Nutzungsbedingungen nicht kleiner. Bei immateriellen Dienstleistungen, welche von Menschen erbracht werden, verschärft sich die Situation noch, denn man ist häufig nicht in der Lage, die Qualität der Leistung richtig einzuschätzen oder mit anderen zu vergleichen. Gerade hier werden darum Empfehlungen immer wichtiger.

Kenntnisse fehlen: Weil unsere Welt immer komplexer wird, fehlen uns bereits heute von den meisten Dingen und Vorgängen die Sachkenntnis. Die Psychologen nennen den weit verbreiteten Glauben, Vieles dennoch zu verstehen, die Wissens-Illusion. Sie befragten Studenten, ob diese denn wüssten, warum der Himmel blau ist, wie die Toilettenspülung und ein Reißverschluss funktionieren – vor allem, warum. Zugleich berichten die Forscher von einem Test mit Hi-Fi-Fanatikern, die sich völlig überteuerte Kabel für ihre Anlage kauften. Im Blindtest konnten diese selbsternannten Klang-Gourmets den Unterschied zwischen diesen Kabeln und einem einfachen Draht, der die Anlage mit den Boxen verband, jedoch gar nicht hören. Ähnliche Tests mit selbsternannten Weinliebhabern brachten ähnliche Resultate.

Fehlentscheidungen sind teuer oder aus anderen Gründen sehr ärgerlich: Viele Hausbesitzer haben den Tag verflucht, an dem sie sich einer Baufirma anvertrauten. Ähnlich geht es manchen Kunden von Versicherungen, Vermögensberatern oder auch Gebrauchtwagenhändlern. In all diesen Fällen haben Empfehlungen einen besonders hohen Wert, weswegen sie auch mit besonderer Vorsicht ausgesprochen werden.

Die Frage stellt sich nun, wie man Personen zu Empfehlenden macht. Wie schafft man es, dass andere positiv über mich reden, von selbst mich anpreisen und in Gesprächen über mich berichten. Folgende Mittel haben sich bewährt, können jedoch beliebig erweitert werden.

a) Überdurchschnittlich handeln

Überdurchschnittlich kann sich auf verschiedene Aspekte beziehen – in erster Linie geht es jedoch um Qualität. Das bedeutet jetzt nicht unbedingt, noch länger zu arbeiten, sondern eben nur dann besonders gut, wenn es darauf ankommt. Jeder an seinem Arbeitsplatz verschwendet Energie für Aufgaben, die andere besser oder auch nur schneller erledigen können – diese gilt es zu erkennen und anderen zu überlassen. Über dem Durchschnitt bedeutet auch, anders als der Durchschnitt. Das betrifft die Art eines gefundenen Resultats, die neue Art der Lösung oder einfach nur ein anderer Weg.

b) Unerwartet (re)agieren

Fast jeder von uns arbeitet letzten Endes für Menschen. Diese erwarten natürlich aufgrund ihrer Erfahrungen, dass der andere in einer ganz bestimmten Art und Weise reagiert. Unerwartet kann sich auf verschiedene Aspekte beziehen und kostet in vielen Fällen nicht einmal mehr Geld oder Aufwand. Wenn der Handwerker eine halbe Stunde vor dem vereinbarten Termin fertig ist und eben nicht die angerissene volle Stunde in Rechnung stellt, vermerkt das der Kunde positiv in seinem Gedächtnis. Der Handwerker büßt vielleicht zwanzig Euro ein, die ihm laut irgendeiner Ordnung zustehen. Er kann aber fast sicher sein, dass er weiterempfohlen wird: „Du, der ist eine halbe Stunde vorher fertig geworden und hat nicht einmal die volle Stunde berechnet." „Ach, gib mir mal die Adresse…" Bei dieser Aktion kommt es jedoch darauf an, den Kunden auch darauf hinzuweisen – natürlich nicht mit dem Holzhammer: „Ich bin eine halbe Stunde früher fertig geworden. Darum berechne ich auch nicht die volle Stunde." Diese Äußerung genügt vollkommen, denn jetzt kommt es darauf an, dass die andere Seite die Schlussfolgerung selbst zieht.

Besonders aufmerksamkeitsstark ist es, wenn Menschen etwas erhalten, was sie nun überhaupt nicht erwarten. Wenn Mitarbeiter A Mitarbeiter B am Ende eines langen Arbeitstages ohne Worte die Lieblingspralinen auf den Tisch stellt, der Gastwirt die bereits ausgedruckte Rechnung vor den Augen der Gäste zerknüllt („Ach was, ich lade Euch heute ein"), die Floristin ihrer Friseurin auf dem Heimweg eine ausgesuchte Blume vorbeibringt, der Buchautor ausgewählten Menschen sein neuestes Werk inkl. persönlicher Widmung schickt… Jeder wird irgendetwas finden, was er dem anderen Gutes tun kann. Dieses kleine Geschenk sollte im Idealfall zwei Besonderheiten aufweisen: das Image des Schenkenden stärken und seiner zentralen Kompetenz entsprechen.

c) Menschen zu Empfehlenden machen

Man kann darauf warten, dass andere Menschen eine Empfehlung aussprechen, man kann aber auch verschiedene Mittel verwenden, um den Vorgang aktiv zu steuern. Der erste Schritt ist – wie bei allen Handlungen – die Analyse des Ist-Zustands.

Wann werde ich womit wie empfohlen? Im Idealfall aufgrund jener Leistung, die im Zentrum meines Images steht. Das trifft nicht nur für Selbstständige zu, sondern auch für Angestellte („Du, der Meier ist der Experte für Netzwerke, der kriegt das wieder hin."). Dann geht es darum, eine Datenbank der Empfehlenden zu erstellen. Sie enthält neben den üblichen persönlichen Fakten vor allem Vorlieben und emotionale Details, denn Menschen wollen positive Emotionen immer wieder erleben. Wer zum Beispiel weiß, dass Herbert Müller Bücher über eine historische Epoche sammelt, kann beim nächsten Gang über den Flohmarkt gezielt danach Ausschau halten und ihm bei passender Gelegenheit ein Buch schenken. Die Datenbank enthält also neben den üblichen persönlichen Angaben vor allem solche, aus denen Überraschungen zu gewinnen sind.

Es geht in erster Linie darum, den anderen nicht nur zufrieden, sondern glücklich zu machen. Dies klingt zwar überzogen, ist aber Voraussetzung für eine Empfehlung. Wenn der Experte für Netzwerke nicht nur den Computer wieder zum Laufen bringt, sondern auch noch die Software auf den neuesten Stand, ist der Weg für die erhofften Emotionen frei. Es geht nicht um große Überraschungen, sondern in vielen Fällen um kleine Dinge, die der andere nicht erwartet. Menschen, die empfohlen werden wollen, müssen anderen ein wichtiges Gefühl vermitteln: Hier bin ich richtig. Dazu ist Empathie unabdingbar, eine Eigenschaft, die weniger Menschen besitzen als man gemeinhin glaubt. Es geht darum, sich in den anderen einzufühlen, seine Sorgen, Fragen, Nöte, Wünsche zu verstehen und auf diese einzugehen. Da hilft es oft schon, wenn der Experte sagt: „Das kriegen wir schon wieder hin." Empathie zeigt sich auch darin, dass man dem anderen hilft, ohne viel Aufhebens von dieser Angelegenheit zu machen und ohne allzu stark die eigenen Eigenschaften hervorzuheben. Nicht jener wird weiterempfohlen, der die Aufgabe löst und sich zugleich als Experte darstellt, sondern jener, der es tut und dies ansonsten als selbstverständlich kommuniziert.

d) Positive Emotionen lernen (lassen)

Auch wenn sie in der Arbeits- und Geschäftswelt häufig als unnötig, überflüssig oder störend empfunden werden – sie sind eines der wichtigsten Mittel des Marketings generell. Emotionen besitzen verschiedene Vorteile, die man nutzen sollte. Sie färben

Erlebnisse, verankern Gedächtnisinhalte, schaffen verschiedene Verbindungen im Gehirn und erleichtern das Lernen. Wer positive Gefühle mit einem bestimmten Produkt macht, überträgt diese auf den Produzenten, obwohl objektiv gesehen gar keine Verbindung existiert. Wer sich einer Menschen-Marke versichert, die ein Problem (eine Sorge) aus der Welt schafft und damit ein positives Gefühl auslöst, verbindet die erlösende Emotion mit der Marke. Wenn nun zu einem späteren Zeitpunkt ein ähnliches Problem auftaucht, sucht der Betreffende natürlich wieder das positive Gefühl und erinnert sich zielsicher an die Marke, welche Auslöser dieses Gefühls war.

e) Geschichten erzählen und verbreiten

Menschen erzählen seit Jahrtausenden Geschichten. Diese Urform der Weitergabe von Inhalten ist in Verruf geraten und wird mit negativen Worten wie Tratsch und Klatsch bedacht. Alle Formen von Erzählungen haben aber sehr viel Vorteile, derer sich clevere Selbstvermarkter unbedingt versichern sollten. Erzählungen:

- fassen eine (meist) abstrakte Aussage zusammen und transportieren sie mittels einer Geschichte.
- sind authentisch durch lebende oder bereits verstorbene Personen und werden darum besonders gern gehört und weitererzählt.
- beinhalten möglichst unerwartete Wendungen und erhöhen dadurch den Grad der Aufmerksamkeit.
- fordern beim Zuhören die Mitarbeit verschiedener Bereiche des Gehirns.
- können auch über Tiefen und Rückschläge berichten, konzentrieren sich in diesem Fall aber z.B. auf die Aktivitäten, um das negative Geschehen zu überwinden.
- setzen bei den Zuhörern, ihrem bereits vorhandenen Wissen und ihren Bedürfnissen an und nicht beim Erzähler. Dies wiederum führt zu verstärkter Aufmerksamkeit.
- befriedigen das Bedürfnis nach Neuigkeiten und ungewöhnlichen Ereignissen.
- werden weitererzählt und weiterentwickelt, bleiben aber im Kern konstant.
- berichten Spannendes, sodass der Erzähler gern erzählt und die Zuhörer gern zuhören.

Wer Menschen beobachtet, wird merken, dass alle gern erzählen – besonders gern über andere Menschen. Dies muss nicht naturgemäß negativ sein, denn erzählt wird Herausragendes, Ungewöhnliches, Abnormes, Unerwartetes. Wer also genau dies zu bieten hat, wird fast automatisch zum Stoff für Erzählungen. Dieser Vorgang lässt sich gezielt steuern. Dazu sollte man sich nicht scheuen, von eigenen Erfolgen zu berichten und diese auch ein wenig dramatisch anzureichern. Geschichten lassen sich in Broschüren, auf der Internetseite, in Referenzmappen, vor allem aber in allen Formen des Monologs unterbringen. Hörer werden gerade dann besonders aufmerksam, wenn der Redner die Theorie mit eigenen Erfahrungen untermauert, Anekdoten erzählt und mittels dramatischer Erzählungen die Phantasie der Hörer anregt.

Besonders wirksam ist es, wenn andere Menschen Geschichten und Anekdoten weitertragen. Dazu kann man folgende Schritte gehen:

1. Eine Geschichte vorbereiten, die das Potential besitzt, zugleich den Markenkern der eigenen Person zu kommunizieren und das Ziel-Image zu festigen. Sie sollte vor allem spannend sein, damit andere sie weitererzählen. Wenn sie Humor enthält und der Erzähler sich selbst nicht ganz so wichtig nimmt, ist sie optimal.
2. Mittels Stichpunkten die Chronologie der Ereignisse notieren.
3. In verschiedenen, noch unverfänglichen Situationen testen (Im letzten Monat ist mir was passiert, das gibt's eigentlich gar nicht).
4. Im Idealfall beobachtet eine eingeweihte Person die Reaktionen der Hörer; unmittelbar nach der Geschichte tauschen sich Erzähler und Beobachter aus.
5. Weiter verfeinern, mit dramatischen Elementen anreichern, üben, üben, üben.

6. Menschen gewinnen

Es gibt immer wieder Menschen, die fallen auf und machen von sich reden. Auf diese besonderen Exemplare hören andere; man rennt ihnen hinterher. Menschen-Marken beherrschen meist intuitiv diese Kunst, sich an die Spitze zu setzen, zum Anführer oder sogar Trendsetter zu werden. Sie schaffen es irgendwie, andere anzuziehen und um sich zu scharen. Vieles von dem, was diese Individuen dafür tun, machen sie unbewusst. Allerdings gibt es gemeinsame Vorgehensweisen, die jeder, der eine Marke werden will, nutzen kann:

a)   Vertrauen aufbauen

Wie bereits angedeutet, ist Vertrauen in einer hochkomplexen Welt eines der wichtigsten Güter. Zugleich ist es die Basis, um Menschen für sich zu gewinnen. Die Frage stellt sich jedoch, wie Vertrauen aufzubauen und vor allem langfristig zu halten ist? Eine einfache Möglichkeit besteht darin, in Vorleistung zu gehen, dem anderen irgendetwas zu geben, was dieser nicht erwartete. Es sollte etwas sein, was auf der einen Seite nicht alltäglich, auf der anderen der Zielperson angepasst ist. Man findet das allerdings leicht heraus, wenn man genau hinhört. Einer sammelt leidenschaftlich gern Bierdeckel, ein anderer liebt seltenen Kaffee, ein dritter weiß alles über deutsche Wälder. Wer diese Informationen aufnimmt und speichert, wird sehr bald fündig werden und förmlich über eine Packung Kaffee, ein altes Buch über Wälder oder den Bierdeckel stolpern.

Nun kommt es darauf an, diese Trophäe nicht irgendwie zu überreichen, sondern besonders. Andere Vorleistungen sind freiwillig gegebene Informationen, zusätzliche Zeit, kleine Gefälligkeiten, Unterstützung. Man darf bei all diesen Vorleistungen jedoch nie etwas erwarten oder verdeutlichen, dass die Gegenleistung nicht allzu lange auf sich warten lassen sollte. Früher oder später wird es sich auszahlen, weil Menschen es als unangenehm empfinden, wenn ein Ungleichgewicht zwischen Nehmen und Geben existiert.

b)   Bedürfnisse schaffen

Viele Menschen fragen sich, welche Nische sie denn noch besetzen sollen, wenn es denn bereits alles und jedes gibt. Wenn Steve Jobs, der geniale Gründer von Apple, den man getrost als herausragende Menschen-Marke bezeichnen kann, so gedacht hätte, wären wir um viele Geräte ärmer. Einer der Leitgedanken Jobs war jener, die Bedürfnisse der Kunden nicht zu erforschen, wie andere dies tun, sondern Bedürfnisse zu wecken. In seiner Biografie sagt ein anfänglicher Skeptiker über Steve Jobs (S. 581): „Er hat eine verblüffende Art, technische Spielereien auszutüfteln, von denen wir nicht wussten, dass sie brauchen, ohne die wir aber plötzlich nicht mehr leben können." Die Realität zeigt, wie gut dieses Vorgehen funktioniert. Auch wenn Menschen in den westlichen Industrienationen in materieller Überfülle leben – es wird keine Zeit geben, in der alle Bedürfnisse der Menschen befriedigt sind, weil wir heute noch gar nicht wissen können, welche Möglichkeiten es geben wird. Wenn es möglich ist, sich von einem Ort zum anderen beamen zu lassen, wird auch das Bedürfnis dafür erwachen. Andererseits ist es auch heute schon möglich, versteckte Bedürfnisse aufzuspüren, wenn man nur genau hinhört. In Gesprächen offenbaren Menschen immer wieder unterschwellig oder oftmals auch offen bestehende Mängel, sie drücken Wünsche aus, die sie sich bisher noch nicht erfüllen konnten. Wer nun in der Lage ist, sich selbst als Lösung eines Problems, als Mängelbeseitiger ins Spiel zu bringen, wird mit offenen Armen empfangen.

c)   Wünsche in die Wirklichkeit holen

Eng mit den Bedürfnissen hängen Wünsche zusammen. Alle Menschen träumen täglich von Dingen und Zuständen, die sie erreichen bzw. erleben möchten. Wer als Außenstehender diese heimlichen Motivatoren in Erfahrung bringt, besitzt einen goldenen Schlüssel zum Herzen des anderen. Es geht dann darum, immer wieder kleine Andeutungen zu machen, um dem anderen zu zeigen: Ich weiß, was du wirklich willst. Um den Menschen dauerhaft an sich zu binden, sollte man winzige Teile des heimlichen Traumes erfüllen, gemeinsam in Träumereien schwelgen oder auch nur andeuten, wie schön es denn wäre, wenn…

d) Grenzen überschreiten

Insgeheim will jeder aus den manchmal recht engen und trostlosen Grenzen ausbrechen, die das gemeinschaftliche Leben erst ermöglichen und demnach an sich sinnvoll und notwendig sind. Jeder weiß, dass in Gruppen Jugendlicher derjenige das höchste Ansehen genießt, der die ersten Zigaretten mitbringt und als erster über den Zaun steigt. Jeder möchte gern wissen, was hinter verbotenen Türen steckt, wie weit man eine gesteckte Grenze überschreiten, ein Tabu brechen darf. Wenn ein Mensch anderen das Gefühl gibt, mit ihm zusammen diese Grenzen zu überschreiten, dann steigt der Grenzverletzer in der Achtung der anderen. Jesus von Nazareth hätte niemals Jünger um sich geschart, wenn er sich nicht bewusst gegen herrschendes Gesetz aufgelehnt und einen Tabubruch nach dem anderen begangen hätte.

Um Grenzen gezielt verletzen zu können, muss man sich ihrer zuerst einmal bewusst sein. Das ist in Gruppen relativ leicht. Man beobachte einfach, nach welchen (meist ungeschriebenen) Gesetzen alle handeln und welche dieser Grenzen insgeheim vielen auf die Nerven geht. Jeder Geburtstag wird ausgiebig gefeiert – obwohl keiner Lust dazu hat. Alle fahren immer gemeinsam in den Urlaub – obwohl die meisten auch mal allein fahren möchten. Wer Grenzen nicht einhält, überschreitet oder verletzt, muss sich allerdings auch klar darüber sein, dass ihm dann von den anderen nicht gerade Sympathiebekundungen entgegengebracht werden.

e) Zielgerichtet handeln

Menschen, die zielgerichtet vorgehen und sich nicht aus dem Konzept bringen lassen, steigen unweigerlich in der Achtung der anderen, die zweifeln, hadern, nachprüfen, kontrollieren. Wer von sich selbst und seinem Plan überzeugt ist, wird dies fast automatisch so kommunizieren. Worte wie *vielleicht*, *eventuell*, *möglicherweise* werden sie nicht in den Mund nehmen. Andere werden das Gesagte, eben weil es so sicher und selbstbewusst vorgetragen wird, als Fakt ansehen und dem Mutigen folgen. Im Idealfall ist der Betreffende natürlich in der Lage, sein Konzept zu untermauern und den Weg zum Ziel zu beschreiben.

f) Leistungen anerkennen

Die Stärke wirklicher Marken besteht darin, die Stärken anderer vorbehaltlos anzuerkennen. Wer selbst etwas geleistet hat, kann die Leistungen anderer auch schätzen, denn beide wissen um die Arbeit, die dahinter steckt. Ein zweiter Aspekt ist nicht zu unterschätzen: Neid. Dieses Gefühl kann nach Forschungen der Sozialpsychologie zwei Folgen haben. Zum einen ist es positiv, denn es motiviert, den Abstand zum anderen zu verringern. Neid wird hier also zum wesentlichen Faktor für intrinsische Motivation. Das Gefühl beruht hier auf Bewunderung für die andere Person und wird nur von wenigen negativen Gefühlen begleitet. Zum anderen existiert Neid in seiner hässlichen Variante, wenn der Neider in hohem Maße frustriert ist, und ein starkes Gefühl nach Unterlegenheit ihn quält. Wer jedoch neidlos die Leistungen des anderen anerkennt und – dies ist entscheidend – dem anderen das auch sagt, steigt in der Achtung der betreffenden Person. Dabei ist zu beachten, die Leistung des anderen aufrichtig und ohne Einschränkungen zu respektieren.

g) Ängste nehmen

Viele Menschen sind voller Sorgen und Ängste. Sie forcieren selbst diese Situation, indem sie Informationen konsumieren, die negativ sind. Wenn sie nun auf einen anderen treffen, der ihnen das Gefühl gibt, dass die Ängste unbegründet sind, heften sie sich an den anderen und erkennen ihn als Leittier an, dem sie folgen müssen. Dabei helfen folgende Handlungen:

- zeigen, das der andere als Mensch wertvoll ist und ich ihm gegenüber loyal auftrete – auch bei Fehlern oder Unstimmigkeiten
- heikle Themen behutsam anfassen und unter vier Augen besprechen
- den anderen nicht sinnlos drängen, sondern eher an den eigenen Motiven packen
- problembehaftete Situationen aus einer anderen Perspektive beleuchten und sie so in einen großen Kontext stellen

7. Markensprache

Marken zeichnen sich dadurch aus, dass sie anders sind und dies auch bewusst kommunizieren. Sie überlassen es nicht dem Zufall, wie sie wahrgenommen werden, sondern steuern ihr Image gezielt. Menschliche Marken haben gegenüber Produktmarken einen großen Vorteil. Sie verwenden von Kindesbeinen an ein ganz besonderes Kommunikationsmittel ganz selbstverständlich und müssen sich normalerweise keine Gedanken darüber machen – Sprache. Genau dies sollten Marken jedoch tun, damit sie ihre besondere Position, ihre herausragende Stellung, ihr Markensein den anderen auch sprachlich verdeutlichen können. Ein Vorteil des umfassenden Zeichensystems Sprache ist, dass jeder es kostenfrei und vor allem zielgerichtet nutzen kann. Darum zeigt das letzte Kapitel, wie Marken sprechen, schreiben, sich mit Worten und Sätzen als Marke positionieren und damit deutlich machen: Seht her, hier bin ich.

7.1 Worte

In einer kleinen Broschüre, die für das Kreuzfahrtschiff AIDA wirbt, steht folgender Text:

Wir wünschen, dass Sie vollkommen glücklich sind!

Lassen Sie sich mal wieder so richtig verwöhnen, entdecken Sie die Welt mit neuen Augen und erleben Sie jeden Moment ganz intensiv. Eine Reise mit AIDA verspricht Glücksgefühle!

Jeder AIDA Tag ist so individuell wie Sie. Genießen Sie pure Entspannung oder aktive Erholung, Gaumenfreuden oder Naturerlebnis, Kulturgenuss oder Familienspaß. Unse-

re Kussmundschiffe nehmen mit Ihnen Kurs auf die wundervollsten Orte der Welt. Und auf dem Weg dorthin genießen Sie die Annehmlichkeiten eines schwimmenden Hotels.

Diese Broschüre gibt Ihnen einen kleinen Vorgeschmack auf die unbeschreibliche AIDA Atmosphäre uns einige unserer vielen Reise-Highlights.

Wir freuen uns auf Ihr glückliches Lächeln!

Ihre AIDA Crew

Auf den ersten Blick ist dies ein normaler Werbetext, den Leser vielleicht nicht wahrnehmen, weil sie sich nur auf die schönen Bilder konzentrieren. Aber selbst bei oberflächlichem Lesen wird klar, wie sich AIDA positioniert, welchen Markenkern es besitzt und welches Markenversprechen es gibt: Das Wort *Glück* taucht dreimal auf. Hinzu kommen Worte, die aus dem Wortfeld des Begriffes Glück stammen und vielfältige Assoziationen zulassen: *verwöhnen*, *genießen*, *entspannen*, *Genuss*, *Erlebnis*, *Gaumenfreuden*… Wer also mit diesem Schiff fährt, wird glücklich sein.

Es ist nicht egal, welche Worte Marken verwenden. Im Idealfall machen sie sich Gedanken, welche aus dem ungeheuer großen Reservoir in kurzer Form und möglichst prägnant dem anderen klarmachen: Dieser Mensch ist eine Marke, welche für die Leistung XY steht. Sehen wir uns an, welche Besonderheiten Worte aufweisen und wie man seine ganz eigene markenspezifische Mischung findet.

    a)   Wortkern und Zusatzbedeutungen

Der Unterschied zwischen dem Wort *essen* und *speisen* liegt in den Zusatzbedeutungen von *speisen*. Beide sind im Kern identisch – Nahrung zuführen. *Speisen* besitzt zusätzlich die Elemente ‚gehoben, ausgesuchte Nahrungsmittel, feine Tischmanieren'… Sprachwissenschaftler nennen den Bedeutungskern Denotat oder Denotation, die zusätzlichen Elemente Konnotationen. Für Marken sind konnotierte Worte besonders interessant, weil sie nicht nur faktische, sondern auch emotionale Botschaften transportieren. Sie senden meist ein ganzes Bündel an zusätzlichen Informationen, die es erlauben, mit wenigen Worten viel zu sagen. So macht es einen großen Unterschied, ob man sagt *laufen* oder *flitzen*, *arbeiten* oder *schuften*, *Haus* oder *Villa*, *Hund* oder *Köter*, *sterben* oder *abkratzen*. Wer seinen Markenkern herausgeschält hat und weiß, wo er sich wie positioniert, sollte seine Wortwahl anpassen und möglichst konnotierte Worte verwenden. Diese kann man sich natürlich in aller Ruhe überlegen und in verschiedenen Situationen verwenden. Sie werden dann in Fleisch und Blut übergehen und Teil der Marke werden.

b) Von hoch bis vulgär

„Ich finde das jetzt Scheiße." Wer einen solchen Satz zum Beispiel während einer Besprechung äußert, kann sicher sein, die Aufmerksamkeit auf sich zu ziehen. Unsere Sprache wird von den Wissenschaftlern gewöhnlich in drei Ebenen eingeteilt – Hoch- oder Literatursprache, Umgangssprache, Vulgärsprache. Auch auf der Ebene der Worte wird deutlich, auf welcher dieser drei Ebenen man gerade kommuniziert. Das Eingangsbeispiel ist eindeutig dem Bereich der Vulgärsprache entnommen. Hochsprachlich könnte es zum Beispiel lauten: „Ich finde das unangemessen." „Ich finde das mangelhaft." „Ich finde das verbesserungswürdig."

Wer sich für die vulgäre Variante entscheidet, kann mehrere zusätzliche Signale senden. Wenn die anderen diesen Ausdruck von mir nicht kennen, sende ich unterschwellig die Botschaft: ‚Jetzt meint er es wirklich ernst. Jetzt ist er aber wirklich sauer.' Es geht darum, die verschiedenen Stilebenen bewusst einzusetzen, um die entsprechenden Effekte wie Aufmerksamkeit oder Steuerung der Markenpräsenz zu erzeugen. Wer sich also dafür entscheidet, nie umgangssprachliche oder vulgäre Ausdrücke zu verwenden, beraubt sich eines wichtigen Mittels, viele Informationen mit wenigen Worten auszudrücken und vor allem Achtungszeichen zu setzen. Dies gelingt, indem man sie dosiert und gezielt gerade dann verwendet, wenn andere es nicht erwarten. Wie bei allen anderen kommunikativen Maßnahmen gilt aber auch hier: Die kommunizierte Wirkung muss etwas mit meinem Image zu tun haben und darf es nicht konterkarieren.

c) Neues schaffen

„Der Bohlenweg" heißt ein Buch des bekannten Musikproduzenten. In seiner ursprünglichen Bedeutung beschreibt das Wort einen Pfad, der aus groben Brettern besteht. Hier aber erhält die Zusammensetzung eine ganz neue Bedeutung. Unterhalb des sprachlich Ausgedrückten schwingen jetzt eine ganze Reihe Informationen und Emotionen mit, die allesamt entstehen, weil der Leser sie mit der Marke Dieter Bohlen verbindet: einzigartig, ohne Rücksicht auf die anderen, zielstrebig, erfolgreich, hart im Nehmen (und Austeilen)…

Auch wenn es scheinbar alles schon einmal gegeben hat, besitzen wir einen fast unendlich großen Fundus, um aus bereits gegebenem Neues zu schaffen. Unsere Sprache besitzt ungefähr 75.000 Worte. Wenn man nun die Möglichkeiten bedenkt, diese miteinander in Sätzen zu kombinieren, entstehen unendlich viele Mittel, möglichst genau das auszudrücken, was wir mitteilen wollen. Trotz dieser Überfülle an sprachlichem Material ist es manchmal ratsam, ein neues Wort zu schaffen, das sich ausschließlich auf eine Person bezieht und mit dieser verbunden wird. Ein bekanntes Negativ-Beispiel ist Edmund Stoiber. Er spricht vom „Problem-Bär" und der „Familienorientiertheit" seiner Frau. Die Marke Stoiber verwandte diese Begriffe ungeplant, was dazu führte, dass er sein Negativ-Image als stolpernder Redner verfestigte.

Neue Worte lassen sich aber vor allem dann positiv für die eigene Markenbildung einsetzen, wenn man sie am Ziel-Image ausrichtet, in Ruhe testet und dann in realen Kommunikationssituationen vielfach verwendet. Neuschöpfungen werden dann so etwas wie ein Slogan, von dem die anderen Menschen auf die Marke schließen. Dabei sollte man keine Angst vor Wiederholungen haben, denn nur so festigt sich die Verbindung vom Wort zur Marke.

d) Worte in Feldern

Der Texter des AIDA-Textes hat – vielleicht unbewusst – das Richtige getan, indem er Worte aus einem Begriffsnetz verwandte. Bereits seit mehreren Jahrzehnten vermuten Linguisten, dass Worte nicht wahllos vom Gehirn abgespeichert werden, sondern

Verbindungen untereinander eingehen. Wenn wir nun ein Wort denken, dann werden alle Worte dieses Begriffsnetzes auf ein höheres Aktivitätspotential gehoben. Sie stehen quasi in den Starlöchern, um ganz bewusst gedacht zu werden. Wenn ich also das Wort *Topf* höre oder lese, werden automatisch die Worte *kochen*, *Küche*, *Essen*, *Wasser*, *Deckel*… mitaktiviert. Klar ist, dass jeder Mensch individuelle Wortnetze besitzt, weil jeder individuelle Erfahrungen gesammelt hat. Andererseits kann man davon ausgehen, dass bei den meisten Menschen bestimmte Begriffe übereinstimmend vorhanden sind, wie das Beispiel mit dem Topf zeigt. Dieses Phänomen nutzen clevere Selbstvermarkter, indem sie vor allem Worte verwenden, die zum einen ihrem Zielimage entsprechen, zum anderen bei den meisten in einem Wortnetz vorhanden sind. So gehören zum Wort *Erfolg* die Begriffe *Glück*, *Geld*, *reich*, *glücklich*, *zufrieden*, *oben*…

e) Begriffe besetzen und besitzen

In der Politik lässt sich sehr schön verfolgen, was es damit auf sich hat: Wer ein Wort, eine Wortgruppe oder ein Wortpaar als erster in die Debatte wirft, will die Deutungshoheit gewinnen. Wird die Formulierung dann von anderen aufgenommen und weitergetragen, verändert sich meist der Inhalt; oft wird er flach bis zur Unkenntlichkeit und vage. Zu beobachten ist dies zum Beispiel an dem Begriff der Mitte, den die SPD genauso für sich vereinnahmt wie die CDU und FDP. Allerdings hat es auch große Vorteile, wenn man in der Lage ist, einen Begriff mit Inhalt zu füllen und die Deutungshoheit zu übernehmen. Bereits 1973 spricht Kurt Biedenkopf auf dem Parteitag der CDU vom Besetzen der Begriffe: „Wir erleben heute eine Revolution, die sich nicht der Besetzung der Produktionsmittel, sondern der Besetzung der Begriffe bedient."

Die positiven Elemente dieser kriegerisch anmutenden sprachlichen Handlung machen sich Selbstvermarkter zunutze. Sie verwenden bekannte Worte in einem neuen Zusammenhang oder stellen zwei bekannte zu einem neuen zusammen. Dann verwenden sie diese so lange, bis allen Beteiligten nicht nur der Inhalt klar ist, sondern auch die besondere Position des „Besetzers". Folgende Beispiele zeigen, dass es nicht schwer ist, Begriffe neu zu besetzen und sie auch durchzusetzen:

- Der Abteilungsleiter möchte, dass seine Truppe sich als besonders kreativ erweist (und auch so wahrgenommen wird), wenn es um neue Ideen für die Vermarktung von Produkten geht. → Kreativies, Ideenfinder, die Kundenohren im Unternehmen…
- Die Mitarbeiterin möchte als Person wahrgenommen werden, die zwar wenig sagt, dann aber immer Wertvolles äußert. In ihren Äußerungen verwendet sie zum Beispiel immer wieder die Worte exakt, prägnant, punktgenau.

f) Zitate, die zitiert werden

Er sagte NICHT: ‚Es wäre mir sehr angenehm, wenn ich eines Tages in der entsprechenden Position wäre, um die Amtsgeschäfte des Bundeskanzlers führen zu können.' Gerhard Schröder sagte: „Ich will hier rein." Die Montagsdemonstranten in Leipzig riefen 1989 NICHT: ‚Die Menschen, welche sich nunmehr auf die Straße begeben haben, stellen in ihrer Gesamtheit jene Gruppe dar, die durch eine gemeinsame Geschichte entstanden ist und durch ideelle, kulturelle und andere Gemeinsamkeiten gekennzeichnet wird.' Sie riefen: „Wir sind das Volk." Martin Luther King hat in seiner berühmten Rede NICHT gesagt: ‚In meiner Funktion als Bürgerrechtler möchte ich vor diesem Auditorium einen Teil meiner Visionen, die sowohl verschiedene Rassen als auch unterschiedliche Religionsgemeinschaften einbezieht, darlegen.' Nein, er sagte nur vier Worte: „Ich habe einen Traum." Diese wenigen Beispiele zeigen, dass Zitate kurze Sätze sind, die lange Aussagen auf den sprachlichen Punkt bringen. Dies ist relativ einfach, wenn man die zentrale Aussage selbst kennt. Wer also genau weiß, was er sagen will, sollte im stillen Kämmerlein eine Kernaussage auf den notwendigen Kern zusammendampfen, sich diesen Satz einprägen und ihn in verschiedenen Situationen anwenden. Als Beispiel dazu ein Bäckermeister, der seine Mitarbeiter (fünfzig) darauf einschwören möchte, dass sie im Umfeld von einhundert Kilometern die besten sind. Möglich sind zum Beispiel folgende Sätze:

- Wir backen keine kleinen, wir backen die besten Brötchen.
- Beste Backwaren brauchen Bäcker mit Biss.
- Wir backen nur, was wir selbst lieben.
- Unser Brot ist Leben.

Nun kommt es sehr häufig vor, dass Menschen in ihrer verbalen Kommunikation Zitate anderer verwenden. Damit kommunizieren sie unterschwellig eine wichtige Botschaft: Ich bin mir meiner selbst nicht sicher, also muss ich eine Aussage eines berühmten anderen Menschen benutzen, um meine eigene Autorität zu stärken. Marken vermeiden, sich mit fremden sprachlichen Federn zu schmücken; sie kommunizieren ihr Dasein als Marke, indem sie Sätze in die Welt setzen, die von anderen zitiert werden. Wenn man dann einen Satz gefunden hat, ist es ratsam, diesen vielfach zu verwenden – in Pressemitteilungen, auf der Internetseite, in Reden, bei Gesprächen… Irgendwann verselbstständigt sich dieser Satz, wird von anderen übernommen und an die Marke gekoppelt.

   g)   Metaphern

Sie durchsetzen unsere Sprache, ohne dass wir uns dessen bewusst sind. Sie vereinfachen die komplexe Welt, ohne zu simplifizieren. Sie steuern geistige Vorgänge in jene Richtung, die der Sprecher vorgibt. Allein diese Vorteile (es gibt noch mehr) machen Metaphern zum idealen Mittel, um Menschen kurz und prägnant zu überzeugen und auf seine Seite zu ziehen. Wie man solche sprachlichen Alleskönner findet, lesen Sie in dem Buch „Erfolgreich Texte schreiben".

7.2 Sätze

In der Schule nehmen Schüler Sätze mehr oder weniger lustvoll auseinander und fragen sich am Ende, was das Ganze soll. Nach einigen Jahren im Job haben die nunmehr erwachsen geworden Schüler vielleicht noch gespeichert, keine Schachtelsätze zu verwenden oder sie nicht allzu lang ausufern zu lassen. Menschen-Marken verwenden ganz bewusst und zielgerichtet nicht nur bestimmte Worte, sondern auch Sätze, weil sie wissen, dass Worte in Sätzen Beziehungen zueinander eingehen und andere Menschen beeinflussen können.

a) Weil einfach einfach bedeutsam ist

Einfache Sätze, die aus nur wenigen Worten bestehen, sind in Deutschland verpönt. Menschen geben langatmige Erklärungen und glauben, was kompliziert klingt, ist gut. Untersuchungen haben das genaue Gegenteil bewiesen. Einfache Sätze mit verständlichen Worten zum richtigen Zeitpunkt gesprochen sind in vielen Situationen die wirkungsvollsten. Denken wir an die leidigen Diskussionen in Besprechungen. Jeder muss seinen Senf dazugeben, um nur ja nicht ins Hintertreffen zu geraten. Jeder versucht, den anderen allein durch die Länge des Redebeitrags zu übertrumpfen. Marken fallen jedoch gerade dadurch auf, dass sie Vieles anders machen als die anderen. Sie reden bewusst nur wenig und konzentrieren sich auf einfache, aber verständliche Sätze. Marken verrennen sich nicht in komplizierten Satzungetümen, sondern bringen ihre Aussagen auf eine kurze Formel. Dadurch kommunizieren sie unterschwellig eine wichtige Botschaft: Ich weiß, wovon ich rede.

Sehen wir uns zwei Beispiele an. Meier sagt: „Unser Unternehmen sollte zum jetzigen Zeitpunkt nicht einstellen, denn es ist ungewiss, ob wir im nächsten Jahr, wenn die Konjunktur voraussichtlich schwächeln wird, die neuen Kollegen werden halten können." Müller sagt: „Neue Mitarbeiter gefährden den Arbeitsplatz der alten." Meier meint: „Aufgrund der aktuellen Auftragslage kommen wir nicht umhin, unsere Kapazitäten bis an die Grenzen auszulasten, was auch bedeutet, in diesem Monat noch mehr Überstunden den Kollegen aufzubürden." Müller sagt: „Unser Auftragslage ist sehr gut. Darum werden wir diesen Monat mehr Überstunden machen."

Solche Sätze gehen vielen Menschen nicht leicht über die Lippen, weil sie andere gewohnt sind. Täglich lesen wir nicht leicht verdauliche Texte mit Schachtelsätzen und unverständlichen Fachbegriffen. Darum glauben manche, komplexes Schriftdeutsch müsse sich auch im Mündlichen wiederfinden. Folgende Fakten sprechen jedoch gegen komplizierte und für einfache Sätze:

- Das menschliche Arbeitsgedächtnis hat nur eine verhältnismäßig geringe Aufnahmekapazität. Wenn es zu viele Informationen verarbeiten soll, schaltet es auf Durchzug.

- Menschen halten jene, die einfach und zugleich sicher erklären können, für kompetenter.
- Mit einfachen Sätzen hebt man sich aus dem Umfeld heraus.
- Einfache Sätze sind im Normalfall Behauptungen, die unterschwellig eine wichtige Botschaft senden: Ich weiß, worum es geht.

b) Manchmal ist die Stellung nicht egal

Unsere Sprache besitzt ein hervorragendes Mittel, Dinge ohne große Anstrengung hervorzuheben. Dazu ein Beispielsatz in drei Varianten:

- Die Aufgabe muss von allen erledigt werden.
- Von allen muss die Aufgabe erledigt werden.
- Erledigt werden muss die Aufgabe von allen.

Der erste Satz bietet die übliche Reihenfolge der Satzglieder: Subjekt, Prädikat. Weil die Stellung der Satzglieder aber relativ frei ist, können wir sie umstellen. Das hat zwei Folgen. Zum einen klingt der Satz ungewohnt, was die anderen aufhorchen lässt, zum anderen können wir die Wertigkeit der einzelnen Worte erhöhen oder abschwächen. In unserem zweiten Beispiel liegt die Betonung auf „von allen", im dritten auf „erledigt werden" und „von allen". Der Sprecher bestimmt also den Schwerpunkt und damit das Verstehen. Er lenkt und beeinflusst in seinem Sinne. In seinem Sinne beeinflusst und lenkt er. Er beeinflusst und lenkt – in seinem Sinne.

c) Wiederholung ist die Mutter der Einflussnahme

Aus dem Deutschunterricht haben manche noch den Wiederholungsfehler im Gedächtnis. Daraus zu schließen, dass Wiederholungen generell ein Fehler wären, ist grundfalsch. Es gibt eine besondere sprachliche Möglichkeit, die gewiefte Selbstvermarter einsetzen. Sie wiederholen die Struktur eines Satzes oder sogar einzelne Elemente. Das sieht dann zum Beispiel so aus: „Ich glaube nicht, dass uns dieser Schritt weiterbringt. Ich glaube nicht, dass wir damit Erfolg haben werden. Ich glaube auch nicht, dass der Aufwand irgendwie lohnt." Der Sprecher kann nach diesen drei Sätzen sicher sein, dass nicht nur der Inhalt der Sätze, sondern auch eine zusätzliche Botschaft bei allen Hörern angekommen ist: Ich bin mir einer ganz bestimmten Sache sicher. Deswegen scheue ich mich auch nicht, dreimal hintereinander dieselbe Satzkonstruktion zu verwenden.

d) Verbal gegen Nominal

Wir lesen und hören sie täglich: Sätze, die dem Nominalstil frönen. Konkret bedeutet er, dass die Handlung, die der Sprecher ausdrücken will, durch ein Substantiv getragen wird. Weil Menschen aber handeln, wenn sie sprechen, steht auch das Verb im Mittelpunkt. Die immer wieder gehörte Äußerung aus der Grundschule (Substantiv = Hauptwort) ist schlichtweg falsch. Nominalstil ist in Nachrichten und anderen Formen menschlicher Kommunikation angebracht, weil er hilft, Informationen zu verdichten. Andererseits wirkt er statisch – eine Eigenschaft, die kein erfolgreicher Selbstvermarkter gern besitzen möchte. Die folgenden Beispiele zeigen auf der linken Seite Varianten des Nominalstils und wie sie verbal aufzulösen sind. Verbalstil klingt nicht nur einfacher, er ist auch verständlicher und dynamischer.

Wir betreiben Abbau der Bürokratie. → Wir bauen Bürokratie ab.

Das ist ihre Entscheidung. → Sie entscheidet.

Sie will das einer Prüfung unterziehen. → Sie will es prüfen.

Er muss das erst unter Beweis stellen. → Er muss das erst beweisen.

Ich habe in Erwägung gezogen. → Ich habe erwogen (überlegt).

Das Inkraftsetzen der Verordnung… → Die Verordnung tritt in Kraft…

8. Epilog

„Der Stil einer guten Markenwerbung muss der Stil einer jungen Dame sein, die sich niemals hemmungslos und gewalttätig aufdrängen darf, sondern die sich mit der heimlichen Kunst der Verführung in das richtige Licht setzt, bis die Männer ihr Opfer bringen." Dieser Satz ist mehr als siebzig Jahre alt und stammt von Hans Domizlaff, dem Begründer der „Marken-Technik" in Deutschland. Seine Worte fassen in einer zeitlos aktuellen Metapher zusammen, wie Marken handeln, um letzten Endes erfolgreich zu sein.

In den letzten Jahrzehnten haben sich nicht nur die Methoden des Marketings, sondern auch das Bewusstsein und Wissen der Verbraucher gewandelt. Die Methoden der „Verführer" sind nicht nur Gegenstand wissenschaftlicher Forschung, sie prägen auch so manches Alltagsgespräch. Werbung und Marketing haben viel von ihrem Hauch des Geheimen und Verführerischen verloren, weil Zusammenhänge und Wirkungsmechanismen bekannt sind. Klar ist heute, dass Marketing keine unterschwellige oder sogar böswillige Verblendung ist, sondern angewandte Kommunikation. Wer sich im Tierreich umsieht, wird sehr schnell feststellen, dass ein großer Teil der ausgetauschten Zeichen darauf ausgerichtet ist, andere Individuen zu beeindrucken, in den Bann zu ziehen oder zu beeinflussen. Dies hat nichts mit Manipulation zu tun, die darauf aus ist, andere zum Handeln entgegen ihres eigenen Willens zu bewegen. Wer anderen nicht zeigt, was er kann, wird niemals in die Lage versetzt, es unter Beweis zu stellen. Wer jedoch beweisen will, wie viel in ihm steckt, kommt nicht umhin, es den anderen mitzuteilen. Das liegt tief in unserer Natur.

Die Evolution hätte nicht stattgefunden, wenn einzelne Individuen sich nicht über andere erhoben hätten und – das ist wichtig – es auch kommunizierten. Entwicklung basiert immer auf Ungleichgewicht, auf Unterschieden, Spannungen und Defiziten. Das hat nichts mit kalter oder egoistischer Gesellschaft zu tun; es ist ein Naturgesetz, welches schon existierte, bevor menschenähnliche Wesen die Erde bevölkerten. Wer sich allerdings dagegen sträubt und eine utopische Gesellschaft des Gleichen anstrebt, der nivelliert gegebene Unterschiede und riskiert, dass die Entwicklung irgendwann zum Stillstand kommt.

Selbstvermarktung ist strikt von Selbstdarstellung zu trennen, wie in diesem Buch hoffentlich deutlich geworden ist. Wer sich zu einer Marke herausbilden will, handelt ganz nebenbei wichtige Fragen ab, die für die persönliche Entwicklung sehr fruchtbar beantwortet werden können. Wer bin ich eigentlich? Wo will ich hin? Welche Ziele verfolge ich im Leben? Wo sind meine starken Seiten? Wie können andere Menschen diese nutzen? Wie kann ich verbessern, was ich kann? Wer also Selbstmarketing betreibt, beantwortet en passant Fragen, welche die großen Philosophen von der griechischen Antike bis heute umtreiben und die zum eigentlichen Kern des Menschseins führen.

Weil Aufbau und Pflege einer Marke nie abgeschlossen sind und permanenter Anstrengungen bedürfen, ist die Marke Mensch „gezwungen", an sich selbst zu arbeiten und diese wichtigste Lebensaufgabe in den Vordergrund des eigenen Interesses zu stellen. Bei vielen bekannten Menschen-Marken reifte auf diesem Weg die Erkenntnis, dass es letzten Endes gar nicht darum geht, materielle Güter anzuhäufen. Der Weg zur „Marke Ich" führt oft auch an Spiegeln vorbei, die manchmal ein hässliches Bild zeigen, welches unserem durchweg rosarot gefärbten Blick auf unser Selbst nicht schmeichelt. Der Weg gleicht bestimmt nicht einer asphaltierten Autobahn, sondern eher einem steinigen Bergpfad mit vielen scheinbar unnützen Umwegen. Gerade diese aber sind es, welche die Marke letzten Endes stark und einzigartig machen. Ich wünsche viel Erfolg auf dem nicht leichten, aber sehr spannenden Weg zur Marke!

9.   Literatur

- Bentele, Günter / Piwinger, Manfred / Schönborn, Gregor (Hrsg.): Kommunikationsmanagement. Köln 2007

- Bruhn, Manfred / Köhler, Richard (Hrsg.): Wie Marken wirken. Impulse aus der Neuroökonomie für die Markenführung. München 2010

- Busch, Kastner, Vaih-Baur: Die Kunst der Markenführung. Göttingen 2009

- Cialdini, Robert B.: Die Psychologie des Überzeugens. Bern 2007

- Crusius, Jan / Mussweiler, Thomas: Des einen Freud, des anderen… In: Gehirn & Geist, 10/2012: 18-23

- Domizlaff, Hans: Die Gewinnung des öffentlichen Vertrauens. Hamburg 2005

- Dweck, Carol: Selbstbild. München 2009

- Foster, Jack / Corby, Larry: Einfälle für alle Fälle: Frankfurt / Main 2005

- Gardini, Marco A. (Hrsg.): Mit der Marke zum Erfolg. Stuttgart 2011

- Gehirn & Geist: 7-8, 2011

- Greene, Robert: Die 24 Gesetze der Verführung. München 2007

- Hatt, Hanns / Dee, Regine: Das Maiglöckchen-Phänomen. München 2008

- Herbst, Dieter (Hrsg.): Der Mensch als Marke. Göttingen 2003

- Isaacson, Walter: Steve Jobs. München 2012

- Kahneman, Daniel: Schnelles Denken, langsames Denken. München 2012

- Martin, Leo: Ich krieg dich! München 2011

- Medina, John: Gehirn und Erfolg. Heidelberg 2009

- Meffert, Heribert: Erfolgreich mit den Großen des Marketings. Frankfurt / Main 2009

- Meyer, Jens-Uwe: Kreative PR. Konstanz 2011

- Naumann, Frank: Die Kunst der Sympathie. Hamburg 2007

- Paul, Hermann: Deutsches Wörterbuch. 10., überarb. u. erw. Aufl. Tübingen 2002

- Piwinger, Manfred / Zerfaß, Ansgar (Hrsg.): Handbuch Unternehmenskommunikation. Wiesbaden 2007

- Pflaum, Dieter / Bäuerle, Ferdinand (Hrsg.): Lexikon der Werbung. Augsburg 1995

- Patalas, Thomas: Guerilla Marketing – Ideen schlagen Budget. Berlin 2006

- Schüller, Anne M: Zukunftstrend Empfehlungsmarketing. Göttingen 2005

- Seidl, Conrad / Beutelmeyer, Werner: Die Marke Ich. Wien 2000

- Sommer, Rudolf: Psychologie der Marke. Frankfurt / Main 1998

- Waal, Frans de: Der Affe in uns. München 2006

- Westerhoff, Nikolas: Gemeinsam sind wir – anders. In: Gehirn & Geist, 6 / 2010: 46-52

- Zimbardo, Philip G.: Psychologie. Berlin u.a. 1995